任继愈谈先秦诸子与哲学

任继愈 著

石油工业出版社

图书在版编目（CIP）数据

任继愈谈先秦诸子与哲学 / 任继愈著. — 北京：石油工业出版社，2018.3
ISBN 978-7-5183-2349-4

Ⅰ．①任… Ⅱ．①任… Ⅲ．①先秦哲学－研究 Ⅳ．①B220.5

中国版本图书馆CIP数据核字（2017）第305286号

任继愈谈先秦诸子与哲学
任继愈 / 著

出版发行：石油工业出版社
　　　　　（北京安定门外安华里2区1号楼　100011）
网　　　址：www.petropub.com
编 辑 部：（010）64523783
图书营销中心：（010）64523633
经　　销：全国新华书店
印　　刷：北京晨旭印刷厂
2018年3月第1版　2018年3月第1次印刷
880×1230毫米　开本：1/32　印张：9.75
字　　数：210千字
定　　价：39.80元
（如出现印装质量问题，我社图书营销中心负责调换）
版权所有，翻印必究

目录

先秦诸子百家争鸣中所反映的有关古代社会性质的问题 / 001

先秦诸子与百家争鸣 / 011

先秦哲学无"六家" / 017

春秋时期的思想 / 027

管仲学派 / 097

战国时期的名辩思潮和惠施、公孙龙等人的辩学 / 145

荀子的唯物主义哲学思想 / 211

先秦诸子百家争鸣中所反映的有关古代社会性质的问题*

*原载《争鸣》1956年第12期。

先秦诸子百家争鸣中所反映的有关古代社会性质的问题

　　哲学思想是一定的社会历史条件下的产物，这是我们都承认的原则，也是历史实践证明了的。正是由于哲学思想和它所依据的社会历史条件有着血肉相连的关系，在古代的历史分期的问题尚未取得一致结论之前，试图从古代哲学流派的争论中寻找出哲学家们争论的共同性质，从而倒转来考查先秦时代的社会性质，就不是毫无意义的事了。当然，这并不是说哲学思想可以决定春秋战国时代的社会性质，而是说当我们研究中国古代社会性质的时候，如果能够联系哲学思想的某些特点，就更能够做出比较符合实际情况的结论来。

　　对于春秋战国时期的中国社会性质的看法，还很不一致。中国的历史家们对这个问题的看法大致可分为三派。有一派认为春秋战国时期早已是封建社会了，因为这一派认为中国封建社会是从西周开始的；有一派认为春秋战国时期是从奴隶制社会向封建制过渡的时期，战国时期已开始进入封建社会；也有一派认为春秋战国时期是公社制向奴隶制过渡的时期，秦汉时期才成为统一的奴隶制大帝国。这些不同的意见将来总会得到一致的结论。可是，真正符合事实的结论，不但要历史学家认可，还要能够合理地解释哲学史、文学史、经济史、艺术史等方面的现象。如果不能说明意识形态的发展特点，就不能认为是妥善的结论，因为文化、思想的发展不能脱离了产生它的具体的社会历史条件而单独进行。

春秋战国时代的诸子百家都提出了自己的主张，其中有些学说有继承的关系，也有的有敌对的关系，有些学说的解释，至今还没有得到定论。各学派中那些有分歧的地方和那些未被大家所公认的地方，这里不谈。这里只是企图通过他们所提出的问题来看问题的背后有关的社会性质。

孔子的哲学中有两个基本观念：一个是"仁"，一个是"礼"。关于"仁"的理解有许多不同说法，但是人们都认为孔子的"仁"，有爱别人、爱人类的意思。孔子即便没有讲到"仁"这个名词的地方，也充满着"仁"的精神。孔子为什么提出"仁"这一原则来呢？孔子不是无的放矢，孔子的"仁"，是针对当时社会上的"不仁"的现象而发的。那就是说，春秋末期，社会上已有人对人"不仁"的事实存在，有互相欺骗、残害、不关心别人的自私自利的情形发生，才迫使孔子提出了"仁"的学说。孔子和后来那些以孔子为招牌的卫道者们是不同的，孔子不像后来的假道学们经常讲什么"人心不古""世风日下"，后者是盲目复古主义者。孔子所讲的"仁"是有所为而发的。

孔子讲到过"礼"。礼是古代贵族阶层长期共同遵守的礼俗。孔子认为当时是"礼崩乐坏"的时期，所以要"复礼"。"礼"和"仁"相比较，孔子更加注重"仁"，"仁"是孔子首先提出来的哲学概念。

孟子除了发挥了孔子学说的"仁"和"礼"以外，还提出了"贵民"的主张。孟子这种原始的"民主"思想显然是对当时不"民主"的现象提出来的。孟子还提出了要想政治办得好，必须"治民之产"，认为让人民有自己的私有财产，才是安定社会的办法。孟子要求统治者保护并发展人民的私有财产。

从孔子到孟子，他们的基本思想，都是主张关心人民的生活，并解决人民的生活的，当然他们的关心，是为了巩固贵族的统治秩序。

墨子和他开创的墨家，也提出过他们的哲学主张。对于墨子的学说，现在还没有一致的评价，但是哲学界都承认墨子是主张"义"而反对"不义"的。墨子认为攻取掠夺的行为是不义的，兼爱的行为是义的。照《墨子》书中所举的许多事实看来，墨子所谓"不义"的行为，都是指的损人利己的行为：他说抢夺别人的财产，就是不义；偷了人家的桃李、夺取人家的牛马，都是不义的行为。在墨家的著作中，竟有"杀死强盗不算杀人"的说法。从墨子的学说中，可以看出他是怎样地教导人们爱人如爱己，教导人们尊重别人的所有权，保卫个人的所有权。

就在孔子、墨子的时代，晋国、郑国先后公布了成文的"刑书"。据近代学者研究的结果，认为"刑书"是保护私有财产的法律条文。时代稍后，李悝制定了"法经"，虽然我们已看不到它的原文，但从后来的律书中所保留的材料看，他是把防止掠夺别人财产的律令列在首要地位的。

墨子、后期的墨家和前期的法家都反映了保护私有制的要求，而这种要求，作为哲学思想出现，大力地宣扬，写成著作，这是史无前例的，这是新的提法。

老子、庄子是春秋战国时期儒家和墨家的敌人。老子、庄子的自然观、认识论，在今天的学术界中还存在着争论，这里不涉及。老子、庄子的社会思想中都非常明显地反对剥削，反对压迫，主张人人自食其力，过着逍遥自在的"小国寡民"的生活。这一点是人们所公认的。当然，对这种观点的估价还有着分歧的意见。什么是"小国寡民"的理想呢？就是他们认为公社制度下的生活最好，在公社里人人劳动，劳动的果实人人享有，没有剥削，没有掠夺，没有欺骗。反剥削、反压迫，在今天看来是平常的事，但首先提出来的是老子和庄子。这是一件不平凡的事。因为老庄学派的确看到剥削的不道德、不合理。他所理想的合理社会固然是不现实的，但老庄学派的思想所反映的社会问题倒是现实的，而不是空想的。

战国的末期，像荀子就提出了"性恶"的学说，他认为人生来都是自私自利、为个人打算的。在理论上，他首先给人们的自私、占有的事实以理论的根据。然后他又提出了一种唯心主义的办法——用圣人的教化来"化性起伪"。

荀子的学生韩非更比荀子进了一步，他公开为剥削制度辩护。他认为财产私有制是推动人们发挥劳动生产积极性的力量。显然，他们不但是财产私有制的支持者，并且给这种新起的剥削制度以合理的解释。

孔子、墨子、老子、庄子、前期法家、荀子和韩非这些哲学家的学说是有分歧的，各家有各家的特点。他们都对当时发生的巨大的社会变革发表了意见。我们更应当注意的是这么多的流派的共同之点。我们要从他们的共同点中间看出问题的症结。

什么是他们的共同点呢？他们都接触到财产私有制的问题。而且，这种问题是从来没有提出过，是经过他们首次提出的。由于所处的地位不同，所处的时代也有先有后，因而他们对于面临的巨大变革、财产私有制的建立，有的向前看，有的向后看，有的维持现状，有的要改变现状。在社会政治思想方面，儒家和法家的见解是比较符合社会发展的实际的，他们都在为剥削制度辩护；在道德方面是和劳动者的利益有矛盾的。道家思想（如老庄的哲学），的确也看到了问题的另一个方面，他们看到了从公社制度转到奴隶制的剥削制度的不合理，并指出了这是道德的堕落（失道而后德，失德而后仁……礼者，忠信之薄而乱之首也）。社会历史的发展是有它自己的规律的。所以老庄的哲学思想反对剥削和压迫，虽然"理直气壮"，但历史实际的发展却不得不走荀卿和韩非的道路。

总起来看，我认为可以初步做出以下的结论：

春秋战国时期是中国历史上的大变革时期。这一变革所涉及的面非常广泛，而影响也非常深刻，影响到代表不同阶层的各个学派，各个学派都企图对这一变革做出理论上的说明。

变革的性质是公社制度的解体，奴隶制度的形成。所以对待私有财产制度的争论，成为当时哲学家们所最关心的问题。孔子的"仁""礼"，孟子的"仁政""治民之产"，荀子的"性恶"，前期法家的"刑书"，后期法家的"法治"，老子、庄子的"小国寡民"的理想，都从不同的角度反映了对于私有制的建立，以及私有制建立以后所引起的一系列新问题的看法。

当然，本文绝不是说从哲学思想可以决定中国古代社会的性质，而是说，从哲学史所提出的共同问题中可以看出春秋战国时期社会变革的性质。我的初步意见认为春秋战国这一历史阶段是从公社制度过渡到奴隶制度的时期。

先秦诸子与百家争鸣[*]

[*] 原载《工人日报》1962年2月10日。

提到百家争鸣，我们常想起春秋战国，为什么在那个时代会出现百家争鸣局面呢？只有根据马克思主义的阶级分析方法去观察历史，才能看出它的真相。

春秋战国时期，是我国从奴隶制向封建制过渡的时期。春秋时期以前，奴隶主一向是唯一有支配地位的特权阶级，到春秋时期，生产力提高了，有些人开辟了一些土地占为私有。因此在奴隶主贵族以外，又出现了新的土地所有者，这些人就是新兴的地主阶级。这个实际上富有，但在当时政治上没有特权的阶级，力求打破奴隶制度对他们的种种限制。他们要求土地私有，要求爬上政治舞台发号施令，要求制定保护私有土地的法律，要求解放奴隶，等等。社会发展有它的科学规律，封建制比奴隶制是进步的，封建制必然会代替奴隶制。这是一大变革。这个变革，必然引起当时人们的不同看法。他们的看法和他们的阶级地位有着密切的关系。站在奴隶主阶级立场的人们，反对新生事物，坚决反对变化；而站在地主阶级立场的人们，却欢迎新生事物，支持这种变化。另外还有接近奴隶主阶级的或接近地主阶级的其他阶层，也根据他们的阶级利益，提出自己的愿望和要求。这就是当时各种哲学流派纷纷产生和百家争鸣的社会根源和阶级根源。

春秋时期是奴隶制开始崩溃的时期。这时期有两大思想流派的斗争，一是以孔子为代表的儒家。孔子代表奴隶主贵族，对旧制度表示维护，认为一切都是旧的好，他的主要政治主张是教人不要"犯上作乱"，他教人相信上帝，相信天命，"生死有命，富贵在天"是孔子这一派人的世界观。

与孔子思想对立的一派是老子。老子代表小私有者的利益，是封建地主阶级的同盟军。他反对奴隶主贵族的保守思想，反对"上帝是决定一切"的迷信思想，老子打击了上帝、鬼神的地位，也就打击了奴隶主的思想统治的武器。

到了战国时期，地主阶级日益壮大，登上了政治舞台；而奴隶主贵族阶级，又不甘心退出历史舞台，做着垂死的挣扎，因此反映在思想上，就出现了百家争鸣的局面，这一时期思想斗争比春秋时期热闹得多。

到战国后期，封建地主阶级的统治地位已成定局，但有许多与奴隶主阶级有着千丝万缕瓜葛的保守派思想家，对新局面看不惯，对它发出诅咒、嘲笑和攻击；与此相反，代表地主阶级的思想家，为驳斥他们这些谬论，则列举出事实来证明旧时代永远不再回来。前者就形成了哲学上各种唯心主义流派，后者就形成了哲学上各种唯物主义流派。

代表唯心主义流派的如公孙龙为代表的诡辩派，否认世界有是非、有大小。孟子也用他的唯心主义，反对当时地主阶级的改革。他极力反对土地的私有买卖，反对打破奴隶主贵族的世袭制度。

与这些人相反，反映地主阶级利益的有荀子、韩非等，他们反对"天命"，都主张发挥"人定胜天"的思想；主张利用自然规律为人谋福利；主张制定"法"来保证人们的私有权利；还主张做官不靠贵族出身，要看实际才能。他们反对倒退的历史观，驳斥那些保守的复古主义者，提出了社会必须变。他们说：没有一成不变的可以永远奉行的制度。

代表手工业生产者的墨子和他的学派，也提出了改善本阶级的经济和政治地位的要求。墨子的"尚贤"主张，要求有才能的人不论出身如何贫贱，都可以做官，这种思想正是打击奴隶主贵族的世袭制而支持封建地主阶级提出的官僚政治的。

　　春秋战国时期的百家争鸣，是新旧两个阶级以及和这两个阶级利益相联系的其他阶级和阶层，各为自己的利益寻找理论根据而产生的，它与我们今天的百家争鸣是有着本质上的不同的。春秋战国时期的百家争鸣，是一个剥削阶级代替另一个剥削阶级的思想斗争，因而当新兴的地主阶级完全取得胜利，建立起自己的政治统治后，便立刻禁止了百家争鸣，在学术上形成一家独鸣，"定于一尊"的停滞局面，争鸣时期不过短短的几百年。而我们今天的百家争鸣，是为着发展马克思主义及其指导下的社会主义意识形态，反对一切剥削思想的争鸣。它是工人阶级取得政权后，促进科学文化发展的长期方针。我们的百家争鸣，会把学术发展不断推向更高阶段，使它日益繁荣昌盛。

先秦哲学无"六家"

——读司马谈《论六家要旨》*

---

* 原载《文汇报》1963年5月31日。

先秦哲学无"六家"

自从司马谈著《论六家要旨》后,封建学者多以此为根据,认为先秦有"六家"。只要细读司马谈原文,这恐怕是出于误会。有些"家"在先秦根本不存在,也有些家,有其名而未必有其实——像司马谈所列举的那样的内容。现在试做以下的辨析。

司马谈是这样说的:

> ……天下一致而百虑,同归而殊涂。夫阴阳、儒、墨、名、法、道德,此务为治者也,直所从言之异路,有省不省耳!

司马谈提出六家的次序,不是按学派产生的先后提出的,可能是按他认为重要的程度的顺序排列的,把最重要的排在最后。他还说,这六家皆"务为治",各有优缺点。这在先秦,无论站在哪一家的立场,都是认为不能接受的。且不用说孟子与杨墨势不两立,庄子对孔墨极尽挖苦之能事,就连同属孔子之徒的荀子也是不承认孟子的学说能够"为治"的。法家的韩非对儒墨显学都有所批判,也是有明文记载的。这种调和观点,是汉初的情况,不是先秦原来的情况。

且看他所论述的"道家":

道家使人精神专一,动合无形,赡足万物。其为术也,因阴阳之大顺,采儒墨之善,撮名法之要……

这一段话,古人习而不察,认为讲的是老庄思想。我想这种看法是不对的。

如果他所谓道家指的是老子,老子在儒墨之前,司马谈当然知道,阴阳家如邹衍、名家如公孙龙、法家如韩非更在战国后期。老子早已死去多年,如何能死而复生,"采儒墨之善,撮名法之要"呢?

如果他所谓道家指的是庄子,庄子"剽剥儒墨"(见《史记·庄子列传》),对儒墨抱着敌视的态度,对辩论(名家所注重的)也采取反对的态度,如《齐物论》就是反对辩论的,对严刑峻法(法家)君臣上下之序一向反对,又怎么能说他能"采儒墨之善,撮名法之要"呢?

如果说有所谓既不包括老子,又不包括庄子的道家,那就是另有所指,那么就更奇怪了。把老庄思想除外,还有什么"道家"?

儒家,倒是先秦有这样的学派的,《韩非·显学》就说过"儒分为八"。但是其中有唯心主义的孔子、孟子,有唯物主义的荀子。即使孔子是否是唯心主义现在还有争论,但是孟子是唯心主义、荀子是唯物主义似乎已有定论。那么,孟子、荀子有什么共同之处就很难说了。首先在世界观上是对立的。他们两人都自称以孔子为师,都讲"仁义",如果从表面看问题,未尝不可以归为一类。但是师承不能代替派别,讲仁义也有不同的讲法。是不是可以把讲仁义的、自称孔子弟子的都归为一派呢?我想是不可以的。司马谈自己认为儒家的标志是"博而寡要,劳而少功",这是孟子、荀子都难以承认的。至于"序君臣父子之礼,列夫妇长幼之别",更不只是儒家为然。在孔子以前,周公所制定的"礼"就是这样规定的;以后"法家"和"墨家"也不是不讲君臣父子之礼和夫妇长幼之别的。可见用这个标志以区别先秦的"儒家"也是不够妥当的。

再看"墨家"。墨家也是先秦已有的学派，但是，早期的墨家是唯心主义的，后期墨家是唯物主义的，在世界观上根本对立。根本对立的两派，合为一家，不分早期、后期的差别，看来，也失之含混。

再看名家。司马谈说名家"使人俭而善失真，然其正名实，不可不察也"。司马谈把讲到名实关系的都列为"名家"。先秦讲到名实问题，并进行深入辨析的，有公孙龙、有后期墨家、有荀子等人。这里面有唯物主义的名实论，也有唯心主义的名实论。事实上不是一家，而是不同的学派对于名实问题发表过意见。这怎能列为一家呢？

法家，倒是体系比较完整，首尾一贯的学派。

阴阳家，先秦有唯物主义的阴阳学派，也有唯心主义的阴阳学派。

总起来看，"六家"之说，不是讲的先秦的学术流派。如果勉强说先秦有所谓"家"，也只能说有"法家"。至于儒家、墨家，那只是从师承方面分派的，这是表面的划分办法，是十分勉强的。先秦有的只是老子学派、庄子学派、公孙龙学派等。道家、名家、阴阳家，先秦根本没有过。

那么，司马谈《论六家要旨》是不是造谣？也不是。他讲的六家，是汉初当时流行的六个重要学派。这些学派，有他们的纲领，正像他的文章中所讲过的。当西汉初年，秦王朝的暴力统治被推翻以后，许多学术流派又有一次小"争鸣"的热闹局面。《淮南子》一书的杂家的特色，正反映了当时实际状况。董仲舒曾对汉武帝说过：

> 今师异道，人异论，百家殊方，指意不同。
> （《举贤良对策》）

董仲舒与司马谈同时，所说的情况应当就是司马谈所亲见的。董仲舒是汉初的儒家，他为了加强中央集权的统一，要使思想定于一尊，除了孔子之说，不许其他学派传布。司马谈是汉初的道家，他认为道家采取了儒、墨、阴阳、名、法众家之长，这也反映了汉初黄老之学占统治地位的思想情况。班固说司马迁的《史记》的缺点是"论大道，则先黄老而后六经"（《汉书·司马迁传》），班固讲的是司马迁，其实司马谈的观点和司马迁也是差不多的。

汉代政治统一了，学术思想方面也需要总结过去，瞻望将来，为统一的封建王朝建立其哲学理论基础。《论六家要旨》就是适应这一时代要求，从"道家"的学术观点提出的学术评论。荀子的《非十二子》，韩非的《显学》，都带有一定的总结性，庄子的《天下篇》，更是一篇比较系统的学术评论。这些文章的出现，都在战国末期或汉初，不是偶然的。面临从奴隶制到封建一统的新局面，不同的学派都力图从自己的立场论证自己的观点是"正确"的。

司马谈的六家分类说，对于处理当时百家众说的复杂现象，是有其积极意义的，虽然不尽妥当，也不够深入，但在两千年前，也算难得了。

今天我们研究哲学史，因为有了马克思主义作为分析批判的武器，我们当然要胜过古人。我们看哲学史中的派别，首先要看它是属于唯物主义的还是属于唯心主义的。不论古人自称他属于什么家什么派，我们不要轻信他们悬挂的招牌，重要的是掌握其本质。我们讲先秦哲学史，如果也用"六家"来分，就比司马谈多了一重错误。

司马谈不懂得唯心、唯物的区别，他可能只看到师承相传的关系，我们有了马克思主义，如果还用"六家"来讲述先秦，实际上会掩盖了哲学史上唯心主义与唯物主义斗争的真相。同是"儒家"，有孟子的唯心主义，又有荀子的唯物主义；同是"墨家"，有前期的唯心主义的墨家，有后期的唯物主义的墨家；同是"名家"，有公孙龙的唯心主义的名家，有后期墨家和荀子的唯物主义的名家。把这些不同性质的流派，勉强划归于所谓"儒""墨""名"各家，有什么必要呢？对于说明思想发展斗争的规律有什么好处呢？把那些根本不存在的"道家""阴阳家""名家"当作先秦的实际情况，又有什么根据呢？至少司马谈没有这样说过，我们也不能以《论六家要旨》作为先秦有六家的根据。再以"名家"为例，如果由于讲到"名"，就算"名家"，那就得把后期墨家、荀子也放在"名家"之内才行。那就打乱了六家的体例了。如果说，只有公孙龙才算"名家"，别的都不算，那就是用另外的标准来划分派别了。而且公孙龙的哲学讲名实问题，也讲了其他问题。就算用"名家"来概括公孙龙一派，也是不全面的。何不把公孙龙的学派老老实实叫作公孙龙学派呢？

春秋时期的思想[*]

---

[*] 本文系任继愈和孔繁、牟钟鉴、余敦康、周继旨、阎韬合撰。

一　春秋时期思想上新旧交替的特点

春秋时期是中国奴隶社会向封建社会转变的时期，但是这种转变是一个缓慢的、自发的、渐进的过程，一直延续了三百多年之久，到春秋战国之交才算完成。因此，这个时期的历史，各个方面都表现了过渡时期的特点：旧的奴隶制的东西在瓦解，但没有退出历史舞台，新的封建制的东西在成长，但没有取得支配的地位，新与旧的交替运动尚处于量变阶段，没有引起质的变化。春秋介于西周和战国之间，和西周相比，确实是打破了那个时期的沉闷停滞的局面，开始动荡起来，但是和战国相比，却完全不像那个时期的喧闹沸腾，变化剧烈。这种历史特点反映到思想上，就是既要求摆脱传统文化的束缚而独立思考，又不能和传统文化完全决裂，虽然提出了一些零星断片的崭新的观点，却没有形成与天命神学相对立的完整的体系。传统与创新、理性与信仰的斗争错综交织，往往体现在同一个人的身上。春秋时期在思想史上的意义，在于它为战国时期的百家争鸣准备了思想条件，是中国古代的一次伟大的思想解放运动的前奏曲。

西周的宗法奴隶制是一个组织严密的包括经济、政治和意识形态的社会结构，具有相当大的自我调节的功能。如果没有内部的经济结构和政治结构的巨大变革，作为这个宗法奴隶制的有机组成部分的天命神学是不会轻易倒台的。西周灭亡，平王东迁，是犬戎族侵袭的结果。这个外部的冲击力量并没有触动宗法奴隶制本身，而仅仅是造成王室衰微，使得中原地区的华夏族暂时失去了统一的指导中心。紧接着，齐桓、晋文提出"尊王攘夷"的口号推行霸政，这个统一的指导中心就由霸主重新建立起来了。在春秋前期，华夏族与众多的少数民族之间在互相融合的过程中产生了一系列的矛盾。这种矛盾实际上就是华夏族的宗法奴隶制与少数民族的氏族制或早期奴隶制的矛盾。矛盾斗争的结果，许多少数民族改变了自己的氏族制或早期奴隶制，采纳了宗法奴隶制，而融合于华夏族之中。与此相适应，代表着华夏族传统文化的宗法奴隶制的意识形态也被交往密切的少数民族所接受，在更大范围内传播和普及了。新的封建制的因素是到了中期和后期才慢慢发展起来的，思想上的变化也是零星断片地逐渐产生的。

春秋时期，各诸侯国基本上实行着从西周沿袭下来的宗法等级制度。《左传》桓公二年记载晋国大夫师服的话说：

> 吾闻国家之立也，本大而末小，是以能固。故天子建国，诸侯立家，卿置侧室，大夫有贰宗，士有隶子弟，庶人工商各有分亲，皆有等衰。是以民服事其上而下无觊觎。

这套宗法等级制度就是培育和支持宗法奴隶制意识形态的社会基础，同时，宗法奴隶制意识形态也反过来起了维护宗法等级制度的作用，成为当时指导人们思考问题、处理事务的根本原则。在这个时期，天神崇拜和祖先崇拜的宗教仍然占了统治的地位，是华夏族以及接受了华夏族文化的各国所普遍奉行的。这个时期的思想，从各个方面来看，也是西周的天命神学在新的历史条件下的延续和发展。

第一，从天命思想方面来看，虽然周天子的权威实际上是旁落了，但在名分上仍然是共主的地位，并且受到尊重，所以西周的一套天命思想，比如天神作为政治和道德的最高立法者的思想，天命转移的思想，有着现实的依据，并没有根本动摇。《左传》宣公三年记载，楚庄王伐陆浑之戎，进兵于洛水，问周鼎之大小轻重，表现了取代周王朝的野心。周大夫王孙满根据传统的天命思想驳斥说：

> 天祚明德，有所底止。成王定鼎于郏鄏，卜世三十，卜年七百，天所命也。周德虽衰，天命未改，鼎之轻重，未可问也。

西周天命思想的一些基本命题，比如"皇天无亲，惟德是辅"（《周书》逸书语，虞大夫宫之奇引用，见《左传》僖公五年），"畏天之威，于时保之"（《诗经·周颂·我将》语，鲁大夫季文子引用，见《左传》文公十五年），"惟命不于常"（《周书·康诰》语，晋大夫范文子引用，见《左传》成公十六年），"民之所欲，天必从之"（《周书·泰誓》语，鲁大夫穆叔引用，见《左传》襄公三十一年），仍然是春秋时期人们共同遵循的规范。

第二，从政治思想方面来看，由于当时政治上的等级秩序是根据宗法系统中的大宗小宗的隶属关系来确定的，为了建立稳定的政治秩序，最切实的办法就是维护和巩固宗法制度。这就是奉行从西周沿袭下来的周礼。周礼是当时各国处理政治事务的准则，也是人们判断社会道德是非以至国家治乱兴衰的依据。《左传》闵公元年记载，齐桓公因鲁国发生庆父之乱问大夫仲孙湫说："鲁可取乎？"仲孙湫回答说：

> 不可，犹秉周礼。周礼，所以本也。臣闻之，国将亡，本必先颠而后枝叶从之。鲁不弃周礼，未可动也。

管仲辅助齐桓公成就霸业，也是打着周礼的旗号。他说："招携以礼，怀远以德，德礼不易，无人不怀。"什么叫作礼呢？管仲解释说："子父不奸之谓礼。"（《左传》僖公七年）违反了礼，就会导致政治秩序的混乱。他说："为君不君，为臣不臣，乱之本也。"（《国语·齐语》）因此，春秋时期的政治思想，总的基调和西周时期是一样的，并没有突破宗法政治的范围。

第三，从道德思想方面来看，这个时期所强调的行为规范也和西周时期大体一样，是从宗法制度中派生出来的，是一种宗法道德思想。例如卫大夫石碏说：

> 且夫贱妨贵，少陵长，远间亲，新间旧，小加大，淫破义，所谓六逆也。君义臣行，父慈子孝，兄爱弟敬，所谓六顺也。去顺效逆，所以速祸也。(《左传》隐公三年)

鲁大夫季文子说：

> 孝敬忠信为吉德，盗贼藏奸为凶德。(《左传》成公十八年)

齐大夫晏婴说：

> 君令臣共，父慈子孝，兄爱弟敬，夫和妻柔，姑慈妇听，礼也。君令而不违，臣共而不贰，父慈而教，子孝而箴，兄爱而友，弟敬而顺，夫和而义，妻柔而正，姑慈而从，妇听而婉，礼之善物也。(《左传》昭公二十六年)

把这些言论和西周时期的道德思想相比较，实质上并没有什么区别。

所有这些，说明春秋时期的正统思想，从世界观的总的倾向上还看不出与传统的天命神学相对立的表现。但是，由于这个时期在经济基础和政治体制上的变化，逐渐孕育出了封建性的因素，因而在思想上也出现了一系列崭新的观点。这些崭新的观点从各个不同的角度冲击天命神学的堤防，动摇它的统治，表现了理性的觉醒和思想的解放，终于汇集成了一股体现着封建时代精神的思潮。从这个意义来看春秋时期的思想，既不能忽视它所受到的传统天命神学的严重束缚，又要充分估计到它摆脱神学的倾向所取得的创造性的进展。

这个时期思想上传统与创新错综交织的情况，也是和思想者的阶级属性分不开的。当时"学在官府"的局面没有打破，掌握一定的文化知识具有精神生产能力的只有两类人，一类是祝宗卜史，即维护传统宗教的神职人员；另一类是卿大夫，即维护传统宗法等级制度的实际掌权者。这两类人的命运既然是和传统紧密结合在一起，当然不可能和传统完全决裂。但是由于他们身居高位，许多现实的问题和新出现的情况纷至沓来，逼得他们去思索，去处理，也最容易感受到时代的气息，特别是他们中间有一部分人已开始由奴隶主贵族向封建地主阶级蜕变，所以也往往在他们身上表现出某些创新的思想。这两类人和战国时期的思想家不同，本身并没有制造思想体系的需要。因为他们的阶级属性是奴隶主贵族，反映这个阶级的整体利益的思想体系早已由传统的天命神学为他们编织好了，用不着他们去重新编织。他们只是就事论事，对一些个别的具体的问题发表议论，提出看法。这些看法和议论绝大部分都是以传统的天命神学为依据的，但是也有一小部分是对传统的偏离和修正，这就是创新。这种创新虽然客观上是曲折地反映了奴隶制母体内封建制因素的成长，不同程度地动摇了传统的天命神学的统治地位，但是就提出创新观点的本人来说，主观上却没有自觉意识到这一点，相反，倒认为是从维护传统出发的。因此，这个时期没有出现与传统的天命神学相对立的哲学体系，而只有一些零星断片的创新的观点，是一个可以理解的合乎规律的历史现象。

　　再从理论思想本身的发展来看，由于春秋时期传统的天命神学没有完全解体，仍然是当时唯一的意识形态，所以思想上的斗争不可能像战国时期那样表现为各种对立的思想体系之间的斗争，而是采取了在传统的天命神学的内部进行的形式。传统的天命神学是周人变革了殷人的宗教思想建立起来的，这种宗教思想体系从它刚建立的时候起，就有着内在的理论上的矛盾。一方面它宣扬天命是不可抗拒的，天命决定人类的命运，另一方面却又重视人事上的主观努力，认为搞好人事也就是顺从天命。这种矛盾在宗法奴隶制的上升和稳定时期，大体上还可以保持一种平衡，到了宗法奴隶制的瓦解时期，便激化冲突起来，形成了紧张的对峙。一部分保守落后的人物往往抓住前一方面而反对后一方面，进步革新的人物则往往突出后一方面以反对前一方面，斗争的双方都打着传统的旗号，对传统却做出了截然不同的解释。这种斗争实际上就是理性与信仰、哲学与宗教的斗争。进步革新的人物发挥了理性的作用和人事上的努力，综合总结了当时的生产斗争、阶级斗争和科学技术方面的新成果，提炼成为各种创新的哲学观点，以反对传统的天命神学中的宗教蒙昧主义，在思想上取得了相当大的进展。但是，只要天命神学的理论基础没有根本摧毁，新的哲学体系没有出现，这种进展从性质上来说，就只是量的积累，而不是质的飞跃，因而思想上的斗争也只能在传统思想的内部进行，而不能转化为外部的不同体系的斗争。

虽然如此，但这个时期在思想史上的重要地位丝毫也不能低估。这是哲学在意识的宗教形式中酝酿形成的时期，没有这个时期的量的积累，便不会有战国时期的哲学上的繁荣。深入研究这个时期的思想上的进展，不仅可以帮助我们了解后来的一些哲学流派的思想渊源，而且也可以帮助我们了解中国哲学在内容上和发展道路上的一些特点。

传统的天命神学是包括天命思想、政治思想和道德思想的完整的体系，春秋时期思想上的新旧交替也大致表现在这几个方面。

二 天、天命、天道和自然观思想方面的新旧交替

西周的天命神学由原始的自然崇拜宗教发展而来，它的理论基础就是带有自然崇拜特点的天神观念和由此引申出来的一套天人感应的思想。这个天神兼有自然和社会双重主宰的身份，是中国华夏族所崇奉的至上神。但是，它和古代希腊以及其他一些民族的拟人化的至上神不同，虽然具有和人一样的意志，却没有赋予和人一样的形象。如同日神就是日本身，月神就是月本身一样，这个天神实际上就是那高高在上的自然之天本身。由于自然之天无声无臭，不会说话，所以天神也同样是无声无臭，不会说话，人们无法直接听到它的声音，只能间接地通过某种象征去领会它的意旨。天神管辖的范围是无所不包的，自然和社会的每一种现象都体现了天意。因此，人们虽然出于农业生产实践的需要，辛勤地观

察天体的运行和时序的变化，同时也把这些自然现象看作是预示人事吉凶的天意的体现，称之为天道。人们虽然出于社会生活实践的需要，认真地总结国家治乱兴衰的原因，同时也把这些社会现象归结为天神干预的结果，称之为天命。这就是天人感应的思想。这套思想在天神观念的支配下处理天人关系，包括自然与社会的关系，天神与人事的关系。如果不挣脱天神观念的支配，尽管人们在观察自然和总结社会方面积累了大量的知识，却把这些知识都纳入天人感应的思想体系之中，为天命神学做论证。春秋时期思想上的进展，就是逐渐剔除了天的人格神的含义。这就使人们在一定程度上获得了思想解放，能够把他们所积累的知识概括为关于自然和社会的哲学观点。这种进展是沿着两个不同的途径进行的，一个是把天和天命范畴改造得富于哲学意味，用来概括关于社会方面的知识，一个是把天道范畴改造得富于哲学意味，用来概括关于自然方面的知识。

先说对天和天命范畴的改造。

在西周的天命神学中，天命是一个神圣庄严的宗教范畴，它说的是由天神所支配的有关国家命运的大事。这种神圣庄严的性质又由一套等级森严的祭祀制度而加强，只有天子才能祭祀天神，因而也只有天子才能接受天命。对诸侯、卿大夫以至一般的民众来说，天命只是一个畏敬的对象，不能直接去接受它。因此，天和天命成了天子的专用品，是一个只有最高祭司才有权使用的宗教范畴。经过西周末年变风、变雅中表现出来的怨天、恨天、骂天思想的冲击，随着春秋时期天子权力进一步的没落，天和天命范畴失去了神圣庄严的性质，逐渐从高不可攀的地位下降为社会的习用语，于是在意义和用法上发生了一系列的变化。

这种变化首先表现为天命的解释权下移，一些大国诸侯为了争夺霸权的需要，纷纷把自己说成是天神的代理人，他们保留了天和天命范畴原来的宗教神学的意义而在用法上僭越。

《国语·晋语五》记载：

> 宋人杀昭公，赵宣子请师于灵公以伐宋。公曰："非晋国之急也。"对曰："大者天地，其次君臣，所以为明训也。今宋人杀其君，是反天地而逆民则也，天必诛焉。晋为盟主，而不修天罚，将惧及焉。"公许之。

这是赵宣子劝说晋灵公以盟主的身份代替天子去实行"天罚"，以维护天命所规定的上下尊卑的等级秩序，如果不实行

"天罚",将危及晋国的盟主地位,没有谁再听从晋国的号令了。

《国语·越语上》记载,吴王夫差战败,向越王勾践求和。勾践回答说:

> 昔天以越予吴,而吴不受。今天以吴予越,越可以无听天之命,而听君之令乎?

这是把诸侯之间普通的灭国事件说成是如同周革殷命一样的受命于天。

《左传》昭公十三年记载:

> 初,(楚)灵王卜,曰:余尚得天下。不吉。投龟诟天而呼曰:是区区者而不余畀,余必自取之。

楚灵王以谩骂来要求天神赐给他天命做天子,这种态度不仅是僭越,而且是最大的亵渎了。天神的神圣庄严的威风扫地以尽。

天和天命范畴的第二层变化是逐渐从天神观念的束缚下摆脱出来,用来表示社会政治伦理方面的某种不可抗拒的必然性。例如:

秦晋殽函之战，晋大夫原轸以天为依据论证自己伐秦的战略主张。他说：

> 秦违蹇叔而以贪勤民，天奉我也。奉不可失，敌不可纵。纵敌患生，违天不祥。必伐秦师。（《左传》僖公三十三年）

秦晋韩之战，秦穆公以天来论证自己必然取胜。他说：

> （晋惠公）杀其内主，背其外赂，彼塞我施。若无天乎云，若有天，吾必胜之。（《国语·晋语三》）

郑大夫裨谌分析郑国的政局，认为子产主持国政是合乎天命的必然现象。他说：

> 善之代不善，天命也，其焉辟子产？举不踰等，则位班也。择善而从，则世隆也。天又除之，夺伯有魄。子西即世，将焉辟之？天祸郑久矣，其必使子产息之，乃犹可以戾。不然，将亡矣。（《左传》襄公二十九年）

这种用法所表示的必然性，主要不是指天神的意志，而是指人们对客观事物发展规律的一种估计和认识。原轸、秦穆公、裨谌所说的天和天命都有着现实的根据，不是单纯从盲目的信仰出发的。这是一个具有重大意义的思想发展，说明人们开始用理性取代信仰，根据对客观事物的分析来估计和认识它的必然性。由于人们分析客观事物的角度不同，在对必然性的估计和认识上不免发生看法上的分歧，所以也出现了对天意的不同的理解。

《左传》襄公二十八年记载，齐大夫庆封因作难失败逃奔到吴国，受吴王封赏，比原来在齐国时更富了。鲁大夫议论此事：

> 子服惠伯谓叔孙曰："天殆富淫人，庆封又富矣。"穆子曰："善人富谓之赏，淫人富谓之殃。天其殃之也，其将聚而歼旃。"

子服惠伯和穆子对庆封究竟是受天的奖赏还是受天的惩罚有着不同的看法。《左传》襄公三十一年记载：

> 吴子使屈狐庸聘于晋，通路也。赵文子问焉，

曰:"延州来季子其果立乎?巢陨诸樊,阍戕戴
吴,天似启之,何如?"对曰:"不立。是二王之
命也,非启季子也。若天所启,其在今嗣君乎!
甚德而度,德不失民,度不失事,民亲而事有序,
其天所启也。有吴国者,必此君之子孙实终之。
季子,守节者也。虽有国,不立。"

赵文子认为,吴王诸樊和戴吴先后身亡,该轮到季札继承王位了,这似乎是天意。屈狐庸表示了不同的看法,认为天意所向不是季札,而是当今的嗣君夷昧。

这种对天意的不同理解虽然是表现在一些个别的具体的问题上,但是说明了当时人们的思想已经突破了宗教信仰的禁区,把神圣庄严的天意转变成可以根据人们的理性来自由讨论的对象。

第三层变化是用天和天命范畴来表示社会政治伦理方面的最高依据和根本原理,这就把它们改造得富有哲学意味了。例如:

吴公子季札观赏虞舜的《韶箾》之乐,赞叹说:

德至矣哉!大矣,如天之无不帱也,如地之

无不载也,虽甚盛德,其蔑以加于此矣。(《左传》襄公二十九年)

周大夫刘康公说:

吾闻之,民受天地之中以生,所谓命也。是以有动作礼义威仪之则,以定命也。能者养之以福,不能者败以取祸。是故君子勤礼,小人尽力。(《左传》成公十三年)

晋乐师师旷说:

天生民而立之君,使司牧之,勿使失性。有君而为之贰,使师保之,勿使过度……天之爱民甚矣,岂其使一人肆于民上,以从其淫,而弃天地之性?必不然矣。(《左传》襄公十四年)

郑大夫子产说:

夫礼,天之经也,地之义也,民之行也。天

地之经,而民实则之。(《左传》昭公二十五年)

在这种用法中,天往往和地并举,称为天地之德、天地之中、天地之性、天地之经,和前面两种用法相比,天的人格神的含义已经看不见了,而且上升为一般性的原理,不是针对着某些个别的具体的问题说的,说明哲学在宗教神学的束缚下走过了一段艰难曲折的道路,以求得自己的解放。但是,这种用法并没有认识自然之天的本来的面貌,而是给天涂上了更为浓厚的社会政治伦理的色彩。根据这种用法,人们不可能如实地认识自然,去建立唯物主义的自然哲学,而只能把天看成是人类社会关系的投影,为自己的社会政治伦理观点做论证。很显然,这种用法是从西周天命神学把天神作为社会主宰的观念演变而来的,人们虽然逐渐剔除了天的人格神的含义,却仍然沿用这个范畴来总结自己在认识社会方面所积累的知识。春秋时期思想进展的这条途径对后来中国哲学的发展起了很大的影响,一些哲学流派,特别是儒家和墨家,就是继承了春秋时期这种对天的用法,来建立他们的社会政治伦理学说的。

自然观思想方面的进展,是沿着另一条途径进行的,这就是对天道范畴的改造。

所谓天道指的是天体运行和时序变化的规律。传统的天命神学认为，这种自然现象的规律体现了天神的意旨，预示着人事的吉凶。为了从这种自然现象的规律领会天神的意旨，春秋时期各国普遍设置了专门的神职人员去观察天道。《国语·周语下》记载，鲁成公会见周大夫单襄公，谈到晋将问罪于鲁的事。

> 单子曰："君何患焉，晋将有难……"鲁侯曰："寡人惧不免于晋，今君曰将有难。敢问天道乎，抑人故也？"对曰："吾非瞽史，焉知天道？"

据韦昭注，瞽指的是乐太师，掌管音乐乐律，能根据乐律观察风气的变化以断吉凶。史指的是太史，掌管观察天象运行和时序变化。在出师征伐时，乐师和太史同坐在一辆车上，为国君和主帅提供关于天道的专门知识。《左传》襄公十八年记载：

> 晋人闻有楚师。师旷曰："不害。吾骤歌北风，又歌南风。南风不竞，多死声。楚必无功。"董叔曰："天道多在西北，南师不时，必无功。"

师旷和董叔是晋国的乐师和太史。在晋军与楚军相遇时,他们从各自的职位根据对天道的观察来领会天神的意旨,预言楚军将会失败。

在这种天道思想中,可以发现科学思维的萌芽同宗教、神话之类的联系。一方面,它是对自然现象的客观的观察,通过这种客观的观察,积累了丰富的具有客观确实性的科学知识,使中国古代在天文学和历法上取得了辉煌的成就。另一方面,它又联系社会现象做了种种主观的比附,制造了宗教预言。《国语·晋语四》记载:

(晋公子重耳出亡,)过五鹿,乞食于野人,野人举块以与之。公子怒,将鞭之。子犯曰:"天赐也。民以土服,又何求焉!天事必象,十有二年,必获此土。二三子志之,岁在寿星,及鹑尾,其有此土乎。天以命矣!复于寿星,必获诸侯,天之道也。"

子犯所说的天道,从他根据岁星运行的规律断定十二年必然会绕天一周回到原处来看,当然是具有客观确实性的科学知识,但是他据此来预言晋文公十二年后将取得五鹿,认为是天意,这就是胡说了。《左传》襄公九年记载:

晋侯问于士弱曰："吾闻之，宋灾，于是乎知有天道。何故？"对曰："古之火正，或食于心，或食于咮，以出内火。是故咮为鹑火，心为大火。陶唐氏之火正阏伯居商丘，祀大火，而火纪时焉。相土因之，故商主大火。商人阅其祸败之衅，必始于火，是以日知其有天道也。"公曰："可必乎？"对曰："在道。国乱无象，不可知也。"

火正是古代设置的专门观测大火星的神职人员，任务是根据大火星的出没来向人们颁布农时节令。当鹑火星昏在南方，时值春季，可以放火烧山，进行播种。当大火星伏在日下，夜不得见，时值秋季，草木枯黄，则禁止放火，以防火灾。宋人的祖先曾主持火正，因此，宋人积累历年观察的经验，发现火灾和大火星的出没以及时令季节的变化存在着一种有规律的联系，春季火灾较少，秋季火灾较多。这当然是具有客观确实性的知识。但是，传统的天道观却对这种知识做了歪曲的解释，认为火灾体现了天意，是天神对国家政治的祸败发出的警告。

可以看出，传统的天道观源出于占星术，它不可避免地带有天人感应的思想。这种思想把人们从观察自然中所积累的科学知识统统用来论证天意对人事的干预，这就既限制了科学思维萌芽的成长，也阻碍了人们去客观地认识自然和社会。促使传统的天道观发生变化的，是春秋时期逐渐发展起来的天人之分的思想。《左传》僖公十六年记载，周内史叔兴解释陨石和六鹢退飞的现象说：

> 是阴阳之事，非吉凶所生也，吉凶由人。

这个说法割断了自然与社会、天神与人事之间的幻想的联系，力图按照自然和社会的本来面貌去认识它们，是理性思维从宗教迷信思想体系的束缚下冲破的一道缺口。《左传》昭公十八年记载，郑国的天道专家裨灶根据天象预言郑国将要大火，要求用玉器禳祭，子产批评说：

> 天道远，人道迩，非所及也，何以知之。灶焉知天道？是亦多言矣，岂不或信？

这是对天人之分思想的最好的概括。在这种天人之分思想的冲击下，传统的天道观中所蕴含的天神观念被剔除了，于是在意义和用法上发生了一系列的变化，逐渐向富有哲学意味的范畴演进。

这种变化首先表现在人们突破了宗教神学思想的束缚，用这个范畴来表示对自然现象本身的运动发展规律的理解。例如：

> 盈而荡，天之道也。(《左传》庄公四年)
> 天为刚德。(《左传》文公五年)
> 美恶周必复。(《左传》昭公十一年)
> 在《易》卦，雷乘《乾》曰《大壮》☰，天之道也。(《左传》昭公三十二年)
> 盈必毁，天之道也。(《左传》哀公十一年)

和传统的天道观相比，这些言论所说的天道指的不是预示人事吉凶的天意，而是自然现象本身的规律，说明思想上取得了重大的进展。一些自然现象，特别是天体运行和时序变化的自然现象，确实呈现着循环往复以及由盈而荡、由盈而毁的规律性。人们从各个不同的角度来理解这种规律性，把他们的理解概括在天道范畴之中，这实际上是在用理性思维来淘空天道范畴中的宗教神学内容，把它改造成为表达哲学观点的工具。但是，由于这些言论对自然规律性的理解显得片断零碎，而且着眼点是用来和社会现象做简单的比附，所以只属于天道思想发展的初级阶段。

《国语·越语下》所记述的范蠡的天道思想,对天体运行和时序变化的规律性就概括得比较完整了。他说:

> 天道盈而不溢,盛而不骄,劳而不矜其功。
> 天道皇皇,日月以为常。明者以为法,微者则是行。阳至而阴,阴至而阳。日因而还,月盈而匡。

范蠡认为,天道是非常明显的,它就是日月更迭和四时代谢所表现的规律。日走到尽头,第二天又周而复始,月到盈满之时,就开始一点点亏缺,四时也是这样循环交替,发展到顶点,就要向它的反面转化。这种运动发展的过程,虽盈满而从不过度,虽盛大而从不骄傲,虽勤劳而不自以为功。从天道作为自然的准则和度数方面来看,也叫作"天节""天极"。从天道作为自然的固定不变的法则来看,也叫作"天地之常""天地之刑[1]""天地之恒制"。

在范蠡的这些说法中,天道和天神的意志完全不相干,

---

[1] 刑,即形,古通用。汉简及帛书,形均作刑,形有典型、规范的意思。

他借用当时人们所积累的关于天象的知识,来阐发他的富有哲学意味的一般性的原理。但是,范蠡并没有进一步依据这个范畴去探讨宇宙的起源和自然的本质之类的哲学问题,去建立自然哲学的体系,他只是从"人事必将与天地相参"的角度来研究天道所表现的自然规律,强调只有顺应天道才能取得人事的成功。范蠡分析了天道对于人事的三种不同的情况:有夺,有予,有不予。夺是客观形势不利,予是客观形势有利,不予是客观形势不成熟。为了夺取政治和军事上的胜利,范蠡认为,必须"赢缩以为常,四时以为纪,无过天极,究数而止",严格遵循自然规律办事。可以看出,范蠡思想的着眼点是政治军事方面的问题,而不是自然哲学方面的问题。因此,虽然范蠡的天道思想在认识自然之天的本来面貌上起了很大的推进作用,但是把天道思想进一步发展成为一种唯物主义的自然哲学体系,是直到战国时期的道家才完成的。

春秋时期自然观思想的进展,还表现在对阴阳五行思想的改造上。如果说传统的天道思想是把人们关于自然运动发展规律的科学思维和宗教神话混杂在一起,那么传统的阴阳五行思想则是把人们关于自然的本原、性质、结构的科学思维和宗教神话混杂在一起。因此,和天道范畴一样,只有从天神观念的支配之下解放出来，冲破天人感应思想体系的束缚，阴阳五行才能发展成为认识自然现象之网的富有哲学意味的范畴。

早在西周末年，周大夫伯阳父就用阴阳二气来解释地震的成因。他说：

> 周将亡矣！夫天地之气，不失其序。若过其序，民乱之也。阳伏而不能出，阴迫而不能蒸，于是有地震。今三川实震，是阳失其所而镇阴也。阳失而在阴，川源必塞。源塞，国必亡……昔伊洛竭而夏亡，河竭而商亡。今周德若二代之季矣！其川源又塞，塞必竭。夫国必依山川，山崩川竭，亡之征也。川竭山必崩。若国亡，不过十年，数之纪也。夫天之所弃，不过其纪。（《国语·周语上》）

伯阳父一方面把阴阳二气的对立斗争看作是发生地震的原因，认识到自然界存在着两种互相对抗的力量，表明他具有朴素的辩证法思想；但是另一方面又把阴阳失序看作是人事干扰的结果，由此引起的地震是天要灭亡一个国家的征兆，甚至预言不过十年就要亡国。我们把伯阳父的这段话和前面引证的周内史叔兴的话比较一下。叔兴认为，陨石和六鹢退飞这种自然现象，"是阴阳之事，非吉凶所生也，吉凶由人"。叔兴的说法割断了天神与人事之间的幻想的联系，表现了从自然界本身来理解自然变化的倾向，而伯阳父的思想虽然有着科学思维的萌芽，却并没有冲破天人感应思想的束缚。从这种比较，可以看出阴阳思想在春秋时期经历了一个新旧交替的过程，取得了重大的进展。

《左传》昭公二十四年记载：

> 夏五月，乙未，朔，日有食之。梓慎曰："将水。"昭子曰："旱也。日过分而阳犹不克，克必甚，能无旱乎？阳不克莫，将积聚也。"

梓慎认为日食是阴胜阳，将要引起水灾。昭子不同意这种看法，认为只会引起旱灾。因为过了春分阳还不能胜阴，将要积聚起来，恶性膨胀，这就不是引起水灾，而是旱灾了。梓慎和昭子的说法都缺乏科学的根据，日食和水旱灾害并无必然的联系。但是他们两人都摆脱了天神观念的束缚，纯粹从理性的角度运用阴阳这对范畴进行推论，这就有可能根据实际的结果来检验推论的正确与否,使阴阳学说逐渐完善精密,发展成为自然哲学的理论基础。

五行思想的发展也是通过与此相类似的途径进行的。传统的五行思想属于自然崇拜的宗教系统,虽然指的是自然界的五种基本的物质,但认为每一种自然物都有一个主宰着它的神灵。因此,五行被列为国家的祀典,并且设置了专门的神职人员去祀奉。《左传》昭公二十九年记载:

> 魏献子问于蔡墨……对曰:夫物物有其官,官修其方,朝夕思之。一日失职,则死及之……故有五行之官,是谓五官。实列受氏姓,封为上公,祀为贵神。社稷五祀,是尊是奉。木正曰句芒,火正曰祝融,金正曰蓐收,水正曰玄冥,土正曰后土。

《国语·鲁语上》记载:

> 展禽曰:凡禘郊宗祖报,此五者,国之典祀也。加之以社稷山川之神,皆有功烈于民者也,及前哲令德之人,所以为明质也,及天之三辰,

民所以瞻仰也，及地之五行，所以生殖也，及九州名山川泽，所以出财用也。非是不在祀典。

这种传统的五行思想从形形色色的自然物中抽象出五种基本的物质，表现了人们对自然的本原、性质和结构的理解，但它的理论基础是万物有灵论，把五行当作神灵来祀奉，又说明它是一种宗教神学的体系。随着春秋时期理性的觉醒，人们逐渐剔除了其中所包含的超自然因素，五行思想也受到了改造。例如：

晋郤缺言于赵宣子曰："……六府三事，谓之九功。水、火、金、木、土、谷，谓之六府。正德、利用、厚生，谓之三事。"(《左传》文公七年)

子罕曰："……天生五材，民并用之，废一不可，谁能去兵？"(《左传》襄公二十七年)

叔向曰："……且譬之如天，其有五材，而将用之，力尽而敝之。"(《左传》昭公十一年)

这些说法把五行看作是对人们有用的五种材料，虽然显得简单粗糙，但是五行的神灵性质是看不到了。这就有可能用它来解释自然现象，为进一步发展自然观的思想提供了资料。

总起来说，天、天命、天道和阴阳五行思想，原来都是传统的天命神学的组成部分。这些思想以宗教幻想的形式反映了现实，歪曲地解释人们在观察自然和总结社会方面所积累的知识，论证天神主宰自然和社会的威力。春秋时期思想上的新旧交替，就表现在逐渐从天神观念的支配下解放出来，运用理性来剥掉这些思想所具有的宗教幻想的形式，把它们改造成为表达哲学观点的工具。这些哲学观点在传统的天命神学中产生，又与传统的天命神学相对立。虽然这些哲学观点零碎片断，没有综合成为完整的体系，但是已经形成了几种不同的发展倾向，为战国时期的一些哲学流派准备了必要的思想前提。

三　政治思想方面的新旧交替

春秋时期，华夏族各国普遍地以周礼作为政治思想、文化传统的指导原则，接受了华夏族文化的各国如秦楚吴越以及其他一些少数民族的小国也在不同程度上以周礼作为政治思想、文化传统的指导原则。因此，这个时期的新旧交替，就集中地表现在对传统周礼思想的改造上。

《国语·周语上》记载周内史过论"长众使民之道"的一段话,对传统的周礼思想做了比较完整的表述。他说:

> 古者先王既有天下,又崇立上帝明神而敬事之,于是乎有朝日夕月以教民事君。诸侯春秋受职于王以临其民,大夫士日恪位著以儆其官,庶人工商各守其业以共其上。犹恐有坠失也,故为车服旗章以旌之,为挚币瑞节以镇之,为班爵贵贱以列之,为令闻嘉誉以声之。犹有散迁解慢,而著在刑辟,流在裔土,于是乎有夷蛮之国,有斧钺刀墨之民。

从这段话中,我们可以看出以下几个要点:第一,在政治组织上,它主张建立一套由天子、诸侯、士大夫和庶人工商所组成的严格的宗法等级制度。第二,维护这套宗法等级制度的手段包括礼和刑两个方面。礼指的是体现在车服仪节名位之中的行为规范,刑指的是对违反这种行为规范所实行的暴力统治。第三,神权是这套宗法等级制度的最高依据,天子在政治上的最高统治地位是和他在宗教上的最高祭司的地位紧密结合在一起的。

从政治思想的类型来看，传统的周礼属于政教合一的政治体系，政权和族权都同神权紧密结合在一起。天子自称他的权力得自天赐，理所当然地成为祭祀天神的最高祭司；诸侯是次于天子的第二等级祭司，享有祭祀所封国内的山川社稷之神的特权；卿大夫又是次于诸侯的第三等级祭司。神权上的等级阶梯反映了当时政权、族权上的等级阶梯，给这套宗法等级制度涂上了一层神圣庄严的色彩。因此，祭祀成了"国之大事"，君主兼有政治首脑和宗教领袖双重身份。《左传》成公十三年记载刘康公的话说：

> 是故君子勤礼，小人尽力。勤礼莫如致敬，尽力莫如敦笃。敬在养神，笃在守业。国之大事，在祀与戎，祀有执膰，戎有受脤，神之大节也。

中国古代奴隶制的国家，日常政务都靠习俗礼制的规定，虽说天子富有天下，统率万民，事实上周天子邦畿之内，他直辖臣民是有限的，其余地区、臣民都是由一级一级的贵族们分层统治。只有像祀天地山川、征伐的大事，才是天子的职权。各诸侯国的情形也是如此，祀与戎是君主所主管的两件大事。《左传》襄公二十六年记载，卫献公和篡夺政权的大夫宁喜谈判复国的条件,说:"苟反,政由宁氏,祭则寡人。"卫献公表示可以把政治权力让给宁喜,自己专门主持祭祀,说明卫国原来实行的就是这种政教合一的神权政治。

政教合一的神权政治是中国古代奴隶社会所奉行的国教,早在夏代就已经产生了。到了周代,周人根据他们所建立的宗法奴隶制的需要,发展了一套"以德配天"的神权政治体系,把原始的神权政治体系改造成为具有理论形态的天命神学。这套神权政治体系一方面用天命来解释君主权力的起源,论证君权神授,君主的行动必须服从神的意旨,另一方面又强调"敬德""保民",主张发挥人事上的努力来贯彻神意,稳定政权。因此,这套神权政治体系包含着内在的矛盾,从它贯彻神意的一方面来看,显然是一种宗教蒙昧主义思想,但是从它"敬德""保民"的一方面来看,却又不是完全依赖天意,而在一定程度上主张事在人为。运用这套思想来指导实际的政治,如何处理二者之间的关系就成了突出的问题。这也就是所谓神人关系问题。在宗法奴隶制的政体之下,围绕着神人关系问题所展开的斗争是始终存在的,而且这种斗争对国家政治的优劣成败产生了重大的影响。但是,只要没有摆脱天神观念的束缚,这种斗争就只能在神权政治体系的内部进行,不会改变它的基本性质。春秋时期政治思想方面的进展,就是把这套神权政治体系本身固有的内在矛盾激化了,发展了它的合理内核以反对它的宗教蒙昧主义,从而逐渐摆脱天神观念的束缚,使这种神权政治体系向重视人的作用的政治思想方向演变。

我们可以从春秋时期关于神人关系的一些言论看出这种演变的过程。

>夫民,神之主也,是以圣王先成民而后致力于神……故务其三时,修其五教,亲其九族,以致其禋祀。于是乎民和而神降之福,故动则有成。(《左传》桓公六年,随大夫季梁语)

>虢其亡乎!吾闻之,国将兴,听于民;将亡,听于神。神聪明正直而壹者也,依人而行。虢多凉德,其何土之能得。(《左传》庄公三十二年,虢史嚚语)

>鬼神非人实亲,惟德是依。故《周书》曰:"皇天无亲,唯德是辅。"……如是,则非德民不和,神不享矣。神所凭依,将在德矣。(《左传》僖公五年,虞大夫宫之奇语)

祭祀以为人也。民，神之主也。(《左传》僖公十九年，宋司马子鱼语)

天所崇之子孙，或在畎亩，由欲乱民也。畎亩之人，或在社稷，由欲靖民也。(《国语·周语下》，周太子晋语)

在这些言论中，人被提到首位，神被降为次位，虽然他们都还承认神是聪明正直、保佑有德的，并没有从思想上突破传统的"以德配天"的神权理论，但是对现实的人间政治表现了一种不同于宗教蒙昧主义的清醒的理性的态度。特别是周太子晋的一段话，把是否搞好政治看作是国家兴亡的唯一的根据，顺着这种思想倾向，进一步就可以发展为对神权理论的否定了。

春秋时期，由于社会的动荡和兼并战争的激烈，传统的宗法等级制度已经动摇了，君臣易位，篡逆僭越和灭国事件层出不穷。在这种形势下，一些昏庸保守人物往往从宗教蒙昧主义出发，企图凭借神灵的威力来维持自己的统治地位，而一些开明革新人士则从理性出发，根据实际政治的利害得失来处理政治事务。这两种态度究竟谁是谁非，已经被历史实践所证明。因此，在当时人们的心目中，昏庸保守人物受到鄙弃，而开明革新人士则得到尊重。这些开明革新人士关于政治的言论往往被人们谘询，引用、奉行，如果他们掌握大权，甚至可以制定法典。

《左传》文公六年记载，晋国的赵宣子主持国政：

> 制事典，正法罪，辟狱刑，量遁逃，由质要，治旧洿，本秩礼，续常职，出滞淹。既成，以授大傅阳子与大师贾佗，使行诸晋国，以为常法。

《左传》文公十八年记载，鲁宣公接纳莒太子仆的出奔，季文子引用臧文仲和周公的言论为据表示反对。他说：

> 先大夫臧文仲教行父事君之礼，行父奉以周旋，弗敢失队。曰："见有礼于其君者，事之如孝子之养父母也。见无礼于其君者，诛之如鹰鹯之逐鸟雀也。"先君周公制周礼曰："则以观德，德以处事，事以度功，功以食民。"作誓命曰："毁则为贼，掩贼为藏，窃贿为盗，盗器为奸。主藏之名，赖奸之用，为大凶德，有常无赦，在《九刑》不忘。"行父还观莒仆，莫可则也。

《左传》宣公十二年记载，晋栾武子引用子犯的言论反对与楚交战。他说：

先大夫子犯有言曰："师直为壮，曲为老。"
我则不德而徼怨于楚，我曲楚直，不可谓老。

《左传》成公十六年记载，晋楚鄢陵之战的前夕，楚令尹子反向已经退休的老臣申叔时咨询意见。申叔时回答说："德、刑、详、义、礼、信，战之器也。"根据这几项标准来衡量，他认为楚国的政治准备工作做得不够，战争将会失败。

在春秋长期的政治动乱中，各国都出现了一批政治上的开明革新人士，他们推崇理性，重视现实，能够总结实际政治的利害得失，提出一些行之有效的富有远见卓识的意见。人们通过反复比较，认识到旧宗教传统所依据的宗教蒙昧主义会导致失败，而开明革新人士的意见往往能取得成功，于是逐渐从旧宗教传统的束缚下解放出来，发展了一种注重人事的思想倾向。

神权理论和注重人事的思想是大不相同的。郑国子产的一段话很好地表述了注重人事的政治思想的实质。他说：

> 政如农功,日夜思之,思其始而成其终。朝夕而行之,行无越思,如农之有畔,其过鲜矣。(《左传》襄公二十五年)

子产把政治看作如同农民种田一样,认为它是一种现实的人间的事务,应该从理性出发,用心思考,既想这一件事如何开始,也想这一件事如何结束,按照预定步骤,切实去实行。行动不要超越已经思考过的范围,好比农夫耕作不要超越自己的田畔,这样就会少犯错误。当时在宗教神学支配下的保守派,思想却不是这样,凡是政治上的成功,都解释为神的赐福,凡是政治上的失败,则归结为神的降祸。至于对形势的估计以及行动规划的制订,都自以为按照神的意旨行事,实际上是思想僵化的表现。这种宗教神学只能起到维护已定型的旧制度的作用,而不能使现实的政治生活有所革新。春秋时期,宗教神学逐渐被革新派所怀疑以及反对,这种变化标志着人们的思想从神权下的解放。如果没有这种解放,人们便不可能对旧制度进行必要的改革。

春秋时期,随着封建所有制的成长,各国相继进行了一系列制度上的改革,举其荦荦大者,如:

公元前685年(鲁庄公九年),齐桓公即位,任管仲为相,改进宗周旧制,对农业实行"相地而衰征"。

公元前645年(鲁僖公十五年),晋作爰田,作州兵,改革土地分配制度和兵役制度。

公元前594年(鲁宣公十五年),鲁初税亩,承认私田的合法性。

公元前548年(鲁襄公二十五年),楚令尹子木整理田制和军制。

公元前538年(鲁昭公四年),郑子产作丘赋。

公元前536年(鲁昭公六年),郑子产铸刑书。

公元前513年(鲁昭公二十九年),晋赵鞅铸刑鼎。

这些改革都是在注重人事思想的指导下进行的。这些改革,客观上都是促进奴隶制向封建制转变的措施,但是,进行改革的人主观上并不理解这一点。他们属于从旧的奴隶主贵族中分化出来的开明革新人士,对即将到来的新的封建制还没有形成完整的概念,不像战国时期的一些地主阶级的思想家那样,心目中有一个理想的封建制的蓝图。他们只是就事论事,根据现实的需要,权衡利害得失,去进行改革,用子产的话来说,就是"吾以救世也"(《左传》昭公六年)。这种"救世"的态度,是注重人事的思想和信赖天命鬼神的宗教思想的区别所在,也和后来战国时期根据一定的主义学说进行全面改革的思想家不相同。

注重人事的思想是奴隶主贵族向封建地主阶级蜕变过程中的产物,它还没有形成完整的向封建制转化的思想体系,而只是一种现实主义的思想倾向。因此,这些改革家们客观上虽然推动了这个时期的制度上的改革,在思想上却没有和传统的周礼完全决裂。如同它对旧制度的改造是一点一滴地进行那样,它对传统的周礼思想的改造也是一点一滴地进行的。

传统的周礼是由天神崇拜和祖先崇拜的宗教祭仪发展而来的。《说文》谓:"礼,履也,所以事神致福也,从示从豊。"据王国维的考释,豊字像二玉在器之形。古者行礼以玉,盛玉以奉事神人之器谓之豊若豊。推之,而奉神人之事,通谓之礼。(《观堂集林·艺林六》)这套宗教祭仪是一个无所不包的没有分化的体系,由所谓吉、凶、宾、军、嘉五礼所规定的各种烦琐的仪节,实际上是体现了宗法奴隶制的等级制度,各种宗教观念、宗教禁忌以及行为规范,则体现了维护这种等级制度的思想准则。周礼是现实的宗法奴隶制的社会生活的反映,但是披上了一件神秘的超现实的外衣。这种虚幻的宗教形式起着禁锢人心的作用,它把反映现实生活的各种制度和思想变成了盲目信仰的对象,而排斥了理性的探讨。春秋时期，随着奴隶制向封建制的演变以及重人轻神思想的发展，人们从理性出发对传统的周礼做出了一系列新的解释，这就逐渐改变了周礼的宗教性质。

《左传》昭公五年记载：

> （鲁昭）公如晋，自郊劳至于赠贿，无失礼。晋侯谓女叔齐曰："鲁侯不亦善于礼乎？"对曰："鲁侯焉知礼！"公曰："何为？自郊劳至于赠贿，礼无违者，何故不知？"对曰："是仪也，不可谓礼。礼所以守其国，行其政令，无失其民者也。今政令在家，不能取也。有子家羁，弗能用也。奸大国之盟，陵虐小国。利人之难，不知其私。公室四分，民食于他。思莫在公，不图其终。为国君，难将及身，不恤其所。礼之本末，将于此乎在，而屑屑焉习仪以亟。言善于礼，不亦远乎？"

这段言论明确地区分了礼与仪，把礼作为一个政治学的范畴从宗教祭仪中分化出来，这是春秋时期在政治思想方面取得的重大的进展。当礼与宗教祭仪混杂不分时，人们只能盲目履行礼的各种世代相沿袭的习惯规定而不能用理性去考虑一下是否有道理。同时,这种礼也因受到宗教祭仪的习惯势力的支持而僵化凝固起来,不能适应现实的政治生活的变化。如果把礼从宗教祭仪中分化出来,礼就变成了一个政治学的范畴了。人们可以根据现实生活中的实际需要对礼做出各种不同的解释,可以用礼这个范畴来总结政治经验,表达政见,开展争论,用不着像过去那样担心这样做会亵渎神灵。

子产铸刑书,晋国的叔向认为不合乎礼,并对此进行评论:

> 民知争端矣,将弃礼而征于书,锥刀之末,将尽争之,乱狱滋丰,贿赂并行,终子之世,郑其败乎!(《左传》昭公六年)

其实照子产看来,他这样做恰恰是从他对礼的理解出发的,铸刑书并不是违反了礼,而是维护礼的行动。他说:

> 夫礼,天之经也,地之义也,民之行也。天地之经,而民实则之……为君臣上下,以则地义;为夫妇外内,以经二物;为父子、兄弟、姑姊、

甥舅、昏媾、姻亚，以象天明；为政事、庸力、行务，以从四时；为刑罚、威狱，使民畏忌，以类其震曜杀戮；为温慈、惠和，以效天之生殖长育。(《左传》昭公二十五年)

根据这段话，子产所铸的刑书就属于"为刑罚威狱使民畏忌"的一类，是效法天经地义制定出来的。可见子产和叔向的争论都是围绕着对礼的不同的理解进行的。他们表现了两种不同的思想倾向，叔向认为应当保持传统的周礼不变样，子产则认为对传统的周礼做某种革新是符合周礼的精神的。但是他们这一场争论，无论子产或叔向都没有把礼当作必须服从的宗教教条，而是当作可以由实际生活出发进行探讨的对象。他们的争论开创了战国时期礼治主义和法治主义争论的先河。从此，礼这个范畴就具有可塑性，为了适应现实生活而不断地增添新的内容。

这个时期，人们透过宗法血缘的迷雾，认真探讨了君臣之间和君民之间的真实的政治关系，提出了许多创新的观点。

在宗法奴隶制的政治结构中，人们在政治上的统治与服从的隶属关系是根据他们在宗法系统中的隶属关系来确定的。适应于这种政治结构的宗法政治,一方面把神权和族权当作巩固政治秩序的主要手段;另一方面又利用神权和族权来掩盖政治关系的本质。人们往往把他们在现实政治中的地位看作由天意和血缘关系所规定的不可抗拒的命运,而看不到这种地位是可以随着经济和政治力量的变动而转化的。君臣关系被说成是叔伯甥舅的关系,君民关系被说成是父母子女的关系,国与国的关系被甥舅叔侄等亲属关系所掩盖,他们的真实的政治关系笼罩在宗法血缘的迷雾之中。这层迷雾是人们对政治生活的认识很不成熟的表现,[1]它又反过来限制了人们的政治关系的发展。春秋时期,政治生活动荡起来,旧的政治结构逐渐解体,社会各阶层间发生了一系列的权力斗争和地位的转化。这些新的情况和新的问题,是神权和族权所不能解释也无法应付的。现实政治生活和经济生活,把人们的真实的关系突现出来了。于是一些开明人士根据现实的需要,对君臣之间和君民之间的对立依存的关系进行了理性的探讨。

《国语·鲁语上》记载:

---

[1] 欧洲的历史也有类似的地方。

晋人杀厉公，边人以告，成公在朝。公曰："臣杀其君，谁之过也？"大夫莫对。里革曰："君之过也。夫君人者，其威大矣。失威而至于杀，其过多矣。且夫君也者，将牧民而正其邪者也。若君纵私回而弃民事……将安用之？桀奔南巢，纣踣于京，厉流于彘，幽灭于戏，皆是术也。"

《左传》襄公十四年记载：

师旷侍于晋侯。晋侯曰："卫人出其君，不亦甚乎？"对曰："或者其君实甚。良君将赏善而刑淫，养民如子，盖之如天，容之如地。民奉其君，爱之如父母，仰之如日月，敬之如神明，畏之如雷霆，其可出乎？夫君，神之主而民之望也。若困民之主，匮神之祀，百姓绝望，社稷无主，将安用之，弗去何为？"

按照传统的周礼的观点，君主的统治地位是由族权所确定的，并且受命于天，具有天然合理的性质。但是现实的政治和经济力量在迅速改变着君主的实际地位,它的天然合理的性质也就不能不受到人们的怀疑。里革和师旷摆脱了传统观念的束缚,一反常规,把臣下杀死或者放逐君主看作是正当的,认为君主的统治地位是相对的而不是绝对的,如果君主不能履行自己的职责,掌握权力,搞好政治,就失去了做君主的依据,统治地位就会转化。这种言论是当时的革命言论,表现了政治思想上的重大进展。[1]

随着封建的生产关系在奴隶制的母体内逐渐孕育成熟,新兴地主阶级夺取政权的要求也提到历史的日程上来。由于这个时期神权思想的没落,人们不以传统的天命转移论作为理论根据,而是从分析君臣之间和君民之间实际存在的关系出发,寻找新的理论根据。鲁昭公被季氏放逐,死于乾侯。晋国的赵简子和史墨议论此事。史墨认为:

> 鲁君世从其失,季氏世修其勤,民忘君矣,虽死于外,其谁矜之?社稷无常奉,君臣无常位,自古以然。故《诗》曰:"高岸为谷,深谷为陵。"三后之姓,于今为庶,主所知也。在《易》卦,

---

[1] 可见孟子说"闻诛一夫纣矣,未闻弑君也",并非孟首创。

雷乘《乾》曰《大壮》☰☳，天之道也。(《左传》昭公三十二年)

史墨把鲁国的政权由国君转移到大夫手里看作是合理的，因为鲁君失去民众的支持，而季氏得到民众的支持。为了进一步论证这种合理性，史墨还从自然和社会中对立面相互转化的规律找根据。

当时齐国的情形也和鲁国类似，政权由国君转移到陈氏手里。晏婴向齐景公分析政局，直言不讳地指出这一点，认为陈氏"厚施"[1]而景公"厚敛"，所以民众都归向陈氏，齐景公问有没有什么挽救的办法，晏婴回答说：

"惟礼可以已之。在礼，家施不及国，民不迁，农不移，工贾不变，士不滥，官不谄，大夫不收公利。"公曰："善哉，我不能矣。吾今而后知礼之可以为国也。"对曰："礼之可以为国也久矣，与天地并。"(《左传》昭公二十六年)

---

[1] 陈氏大斗出、小斗入，哪里有那么多财物赔补？这时陈氏已经拥有了齐国大量的财富，这不是为"市恩"，而是为了展示他的政治经济力量的雄厚。齐国已经面临政权易手的局面。

晏婴认为，可以用礼来稳定政局，改变政权下移的现象，把权力集中在君主手中。表面上看来，晏婴和史墨的说法好像是对立的，一个论证政权下移的合理性，一个则企图用礼来阻挡政权下移。实际上，晏婴的说法也同样反映了现实的政治生活的新要求，他沿用礼这个范畴表达了实行中央集权的思想，这个思想和史墨并不矛盾，而和传统的周礼却恰好是对立的。封建制取代奴隶制在政权形式上的变化，就是以中央集权的体制取代由宗室贵族分层统治的分权体制。由于各国具体的情况不相同，取代的方法和途径也各不相同。大致说来，有两种类型。一种是由掌握实权的卿大夫取代国君来建立中央集权的体制，一种是由国君加强君权自上而下地建立中央集权的体制。当时中原地区各国受周礼的影响较深，按照宗法制的规定实行层层分封，随着下级贵族经济实力的膨胀，普遍发生了政权下移的现象。鲁国的三桓，郑国的七穆，晋国的三家，齐国的陈氏，都是典型的例子。但是中原地区以外的一些国家，比如秦、楚、吴、越，由于受周礼的影响较浅，国君掌握的权力并没有下移到卿大夫手里。因此，史墨论证政权下移的合理性，固然是一种建立中央集权体制的途径，晏婴所主张的用礼来防止政权下移，也是当时的一种可行的办法。当然，由于当时齐国陈氏的势力已强大到足以代替姜氏政权，晏婴的办法已不能挽回局势。但是，后来秦国和楚国就是用了晏婴的办法来加强君权的，而中原各国那些掌握实权的卿大夫，也只有用晏婴的这个办法，才能防止政权由卿大夫下移到陪臣手里去。从政治思想上来说，晏婴虽然提出了中央集权的思想，却没有把他的思想和周礼对立起来，而是采用旧瓶装新酒的方式，沿用旧范畴来表达新思想。晏婴的这种做法，是当时的一些开明人士的共同做法。因此，这个时期的政治思想的进展，也就表现在礼这个范畴的含义和用法的变化上。

当时人们不仅认识到君民之间的关系是互相依存的，而且已经认识到统治者和被统治者之间的对立是一种普遍的现象。《国语·周语中》记载，周大夫单襄公说：

夫人性，陵上者也……且谚曰：兽恶其网，民恶其上。

《左传》成公十五年记载，晋大夫伯宗之妻说：

盗憎主人，民恶其上。

《左传》昭公三年记载,晏婴分析齐国的阶级矛盾说:

> 民参其力,二入于公,而衣食其一。公聚朽蠹,而三老冻馁。国之诸市,屦贱踊贵。民人痛疾。

既然如此,统治者为了维护自己的统治,就必须从这种真实的政治关系出发,再也不能像过去那样盲目地迷信神权和族权来进行统治了。

《左传》昭公二十六年记载:

> 郑子产有疾,谓子大叔曰:"我死,子必为政。唯有德者能以宽服民,其次莫如猛。夫火烈,民望而畏之,故鲜死焉。水懦弱,民狎而玩之,则多死焉。故宽难。"

这种宽猛相济的统治方术不是来源于神的启示,而是现实政治的经验总结。至于怎样叫作宽,怎样叫作猛,它们的具体内容和相互关系究竟怎样,子产没有来得及解答。但是子产确实是抓住了现实政治的核心问题。战国时期的一些地主阶级的思想家，围绕着这个核心问题从各种不同的角度进行了深入的探讨，提出了各种不同的解答方案，有的主张以宽为主，有的主张以猛为主，有的企图找出宽猛之间的恰当的配合，从而形成了各种不同的学派。这种思想上的继承关系是显而易见的。

四　道德思想方面的新旧交替

道德问题从西周开始就被提到十分重要的地位，从此一直是中国思想史的主要内容。这种历史特点，王国维早就注意到了。他说：

> 周之制度典礼，实皆为道德而设。
> 周之制度典礼乃道德之器械，而尊尊、亲亲、贤贤、男女有别四者之结体也。（《观堂集林·殷周制度论》）

关于道德与制度典礼的相互关系，王国维的说法是颠倒的，但是他强调周人极端重视道德，确实是不可否认的历史事实。后来郭沫若进行了深入的研究，认为德字在西周是一

个新字,是周人发明出来的新思想。他说:

> 这种"敬德"的思想在周初的几篇文章中就像同一个母题的和奏曲一样,翻来覆去地重复着。这的确是周人所独有的思想。(《青铜时代·先秦天道观之进展》)

侯外庐又把研究向前推进了一步,做了更为具体的表述。他认为,德与孝是周代统治阶级的道德纲领,德在道德规范上是与郊天之制的宗教相结合的,孝在道德上的规范是与禘祖之制的宗教相结合的。有孝有德的道德纲领之所以不能与宗教分离,是由于周人宗法政治的限制。为了维持宗法的统治,故道德观念亦不能纯粹,而必须与宗教相混合。就思想的出发点而言,道德律和政治相结合,故道德只限于氏族贵族的君子人物,没有一般性的国民的道德观念。(《中国思想通史》第1卷)

为什么周人如此重视道德,这种现象只能根据周人所建立的宗法奴隶制的社会和政治的结构来解释。这是一种以宗法制度作为组织形式的结构,社会的各个成员无一例外地被编入这种结构之中,结成了层层依附的隶属关系。宗人依附于宗子，小宗依附于大宗，作为天下的共主和大宗的天子又尊崇天神和祖宗神。周人的一套金字塔式的等级统治秩序，就是以这种层层依附的隶属关系为基础的。因此，为了保持等级统治秩序的稳定性，就应该有一套固定的行为规范，把每个社会成员约束在他们所隶属的依附状态之中。天子虽然尊贵，但必须敬天尊祖，在道德行为上做臣下的表率；庶人虽然低贱，也只有强调敬天尊祖，用道德来约束他们，才能使他们安于本分。无论天子或庶人，在宗法系统中都各有固定的地位和关系，从宗法系统中派生出来的行为规范，比如父慈、子孝、兄友、弟恭等，对他们是普遍适用的。这套行为规范直接影响到社会政治结构的巩固，所以道德就很自然地成为宗法政治的主要杠杆，被提到了十分重要的地位。

周人提出的道德准则，实际上并没有做到。特别是周天子处在金字塔的尖端，他是否真正做到"敬天""保民"，臣民无权约束。这种宗法制度本来是维护周贵族的统治的，而破坏这个制度的恰恰出现在最上层，出现在天子的父子兄弟之间。所以，周人虽然如此重视道德，却并不表明他们有了很高的道德水准和良好的道德风尚，臣弑君、子弑父以及其他一些违反道德的事件层出不穷，道德领域的斗争一直是非常激烈的。这是因为在宗法奴隶制的社会政治结构中，统治集团关于财产和权力的分配根据宗法系统中的隶属关系来决定,凡是遵循这种分配原则的行为被认为是正当的,合乎道德的,反之,就认为是不正当的,违反了道德,只要统治集团内部的政治和经济的斗争无法避免,这就不能不使这种斗争披上一件道德的外衣,表现为道德领域的斗争。但是,在不具备新的封建制因素的历史条件下,道德领域的斗争始终是在原有的范围内重复进行,反映奴隶主贵族内部争夺权利的斗争,而不能动摇传统的价值标准,提出新的道德标准。

春秋时期这个过渡时期,旧的奴隶制的母体内逐渐孕育出了新的封建制因素,一些奴隶主贵族开始向封建地主阶级蜕变,人与人的关系也出现了新的封建性的组合。这种历史特点反映到道德思想上,就表现为传统与创新错综交织的复杂情况。这是一个道德上新旧交替的历史时期。有些人受旧道德的约束,但这种旧道德已不适合于新的情况;有些人采取了新行动,但这种新行动是否合乎道德还没有最后确定;还有一些人在道德冲突的面前茫然无所适从。这一系列道德冲突的事件动摇了传统的价值标准,表现了当时的道德危机,迫使人们对道德问题进行新的探索,制定新的行为规范,从而推动了道德观念的进展。

晋太子申生的悲剧是一个典型的例子。申生谨遵周礼,没有过失，只是继母不喜欢他，总想废黜他。当时晋献公听信骊姬的谗言，将废黜太子申生而立奚齐。这件事在晋国的大臣中引起了三种不同的反应。荀息认为，"吾闻事君者，竭力以役事，不闻违命"，赞成献公的做法。丕郑认为，"吾闻事君者，从其义，不阿其惑也，惑则误民"，反对献公的做法。里克则认为，"我不佞，虽不识义，亦不阿欲，吾其静也"，表示中立。至于太子申生本人，则面临着严峻的考验，必须做出道德上的选择。他说：

> 吾闻之羊舌大夫曰："事君以敬，事父以孝。"受命不迁为敬，敬顺所安为孝。弃命不敬，作令不孝，又何图焉？且夫闻父之爱而嘉其贶，有不忠焉。废人以自成，有不贞焉。孝、敬、忠、贞、君父之所安也。弃安而图，远于孝矣。吾其止也。
>
> （《国语·晋语一》）

申生选择了旧道德所规定的"孝、敬、忠、贞"作为行为规范，而不是像丕郑那样根据事理的当然提出新的道德准则，结果被迫自杀而死。

《国语·晋语五》记载：

(晋)灵公虐。赵宣子骤谏,公患之,使钽麑贼之。晨往,则寝门辟矣,盛服将朝,早而假寐。麑退叹而言曰:"赵孟敬哉!夫不忘恭敬,社稷之镇也。贼国之镇,不忠;受命而废之,不信。享一名于此,不若死。"触庭之槐而死。

这是因道德冲突而造成悲剧的另一个例子。按照旧道德,钽麑依附于晋灵公,执行他的命令,既是信,又是忠,本来不存在任何冲突。但是钽麑有了新的道德观念,把杀害国家的重臣看作是不忠。他一方面囿于旧道德,不能不执行主人的命令,另一方面又不能违反良心,做出危害国家的事情,于是陷入进退两难的困境,不得不触槐自杀了。

究竟怎样叫作忠,怎样叫作信,怎样处理人与人的关系才算正当,怎样行动才算合乎道德,当时的社会生活迫切要求解答这些新提出的问题。但是由于封建制和奴隶制是两个剥削形式十分接近的社会形态,在社会政治结构和意识形态上有着直接继承的关系,新旧道德之间的区分不像后来的资产阶级的道德和封建道德那样容易区别。加上奴隶制向封建制的演变,自发性的成分很大,进程又相当迟缓,所以适应于封建制要求的新的道德观念是逐渐产生的,而且只有经过不断地反复才能确定下来，上升为普遍适用的行为准则。

比如忠君的思想就经历了一个反复的过程，才最后确定下来。

《左传》成公二年记载，齐晋鞌之战，齐师败绩。齐侯单车先逃回国，路上碰见一个女子。她并不认识齐侯，她拦路问齐侯的第一句话是："齐君脱险了吧？"第二句话是："锐司徒（她的父亲）脱险了吧？"至于和她关系最亲密的丈夫的安全，她反而没有问。齐侯认为这个女子有礼，因为她把关心国君的安全（忠）放在第一位，把关心她父亲的安全（孝）放在第二位。为了表彰这种忠君的道德，齐侯赏赐给她石窌作为采邑。但是这种忠君的道德在当时却没有立即上升为普遍适用的行为准则。《国语·晋语八》记载了一个旧的道德观念战胜了新的道德观念的例子：

> 栾怀子之出，执政使栾氏之臣勿从，从栾氏者，为大戮施。栾氏之臣辛俞行，吏执而献之公。公曰："国有大令，何故犯之？"对曰："臣顺之也，岂敢犯之？执政曰，'无从栾氏，而从君'，是明令必从君也。臣闻之曰：'三世仕家，君之；再世以下，主之。'事君以死，事主以勤，君之明令

也。自臣之祖,以无大援于晋国,世隶栾氏,于今三世矣,臣故不敢不君。今执政曰:'不从君者为大戮。'臣敢忘其死,而畔其君,以烦司寇。"公说,固止之,不可。厚赂之。辞曰:"臣尝陈辞矣,心以守志,辞以行之,所以事君也。若受君赐,是堕其前言。君向而陈辞,未退而逆之,何以事君?"公知其不可得也,乃遣之。

旧道德认为,三世为大夫家臣,应该事之如国君,就是说,家臣隶属于大夫而不是隶属于国君,所以只应忠于大夫而不必忠于国君。栾氏家臣辛俞从这种旧道德出发,跟着栾怀子(栾盈)一起逃跑,违反了国家的禁令,显然是一种叛国的行为,不适合封建制加强君权的需要。封建制要求改变过去那种受宗法血缘支配的层层隶属关系,而使全国的臣民隶属于国君的支配之下。但是这种要求并没有概括成为新的道德原则,为人们所遵循。因而辛俞的行为虽然违反了国家的禁令,却能援用旧的道德观念来为自己辩解,认为不是犯令而恰恰是顺令。辛俞的辩解使得晋平公无可奈何,不仅无法对他实行法律制裁和道德谴责,甚至被迫嘉奖他的违法行为。

忠君的道德尽管出现过反复,但还是适应现实的政治生活的需要逐渐发展起来,被确定为行为的准则。《左传》宣公十二年记载,晋楚邲之战,晋师败绩。中军统帅荀林父引咎请死,晋侯欲许之。士贞子规劝晋侯说:

> 林父之事君也,进思尽忠,退思补过,社稷之卫也,若之何杀之?

《左传》成公二年记载,楚申公巫臣曾以勿贪色为名谏庄王勿纳夏姬。后来共王即位,巫臣自己却带着夏姬逃奔到晋国。子反向共王建议以厚礼劝阻晋人任用巫臣,共王说:

> 止!其自为谋也,则过矣。其为吾先君谋也,则忠。忠,社稷之固也,所盖多矣。

春秋时期,臣弑君、子弑父以及其他一些篡逆和僭越的行为也和过去一样,经常在发生。其中有一部分反映了封建制取代奴隶制的要求,是进步的,合理的。但是也有一部分属于统治集团内部争夺权利,只会造成动乱,破坏社会秩序。由于情况不同,当时的一些开明人士所持的态度也不一样,他们赞同前一种情况,而反对后一种情况。这对当时正在形成的忠君思想也产生了影响。人们认识到忠君不是忠于国君个人,而是忠于国君所代表的国家。如果国君的所作所为"纵私回而弃民事",使"百姓绝望",那么杀死或者放逐国君的行为就是正当合理的。(上节引用的里革和师旷的言论就是这样主张的。)如果篡逆的行为造成了国家的动乱,那就应该忠于国君和社稷,反对这种篡逆的行为。

《左传》襄公二十五年记载,齐国的崔杼发动政变,把国君杀死了。

> 晏子(婴)立于崔氏之门外,其人曰:"死乎?"曰:"独吾君也乎哉,吾死也?"曰:"行乎?"曰:"吾罪也乎哉,吾亡也?"曰:"归乎?"曰:"君死,安归?君民者,岂以陵民?社稷是主。臣君者,岂为其口实?社稷是养。故君为社稷死,则死之;为社稷亡,则亡之。若为己死而为己亡,非其私暱,谁敢任之?且人有君而弑之,吾焉得死之?而焉得亡之?将庸何归?"

政变发生以后,有人向晏婴提供了三种可能的选择,一种是为国君殉死,一种是出国逃亡,一种是回家躲避。晏婴从自己的新的道德观念出发，拒绝了这三种可能的选择。晏婴认为，君臣之间不是私人隶属的关系，而是为了治理国家这个共同的目的而结合在一起的。如果国君是为国家的利益而死，臣下也应该为了国家的利益去替他殉死。现在齐庄公是因个人的私怨被崔杼所杀，我有什么理由去替他殉死？出国逃亡也是不必要的，因为我无罪。至于在政局动荡、国乱无主的形势下，把个人的安危置于首位而回家躲避，也是不应该的。晏婴在严峻的考验面前，选择了一种不同寻常的勇敢的行动。他既没有按照旧道德盲目效忠于齐庄公，也反对政变头子崔杼的做法，而是把国家的利益放在首位，置身于事变的中心，观察局势下一步的发展，寻找一种稳定齐国政局的对策。后来崔杼立齐景公而自立为相，以庆封为左相，召集国人盟于大宫。誓辞说"所不与崔、庆者……"，意思是要人们效忠于崔杼和庆封。晏婴拒绝了这条誓辞，自立誓辞说：

　　婴所不唯忠于君利社稷者是与，有如上帝。

　　晏婴的这种思想和行动，表明春秋时期忠于国君、忠于社稷的道德已经确立为最高的准则，并且在实际的政治生活中越来越发挥着巨大的作用。

春秋时期，大国争霸，战争频繁，各国都在进行实力的竞赛，要求有专门的理财、打仗、治国的人才。但是一些奴隶主贵族只靠血缘宗法关系占据高位，长期养尊处优，文不能治国，武不能打仗，已不具有周初贵族能文能武的本领。适应于这种情况，各国不得不打破按血缘宗法关系用人的旧框框，破格选拔人才，委以重任。这就直接推动了关于道德观念的进展。

《左传》僖公三十三年记载：

> 初，臼季使过冀，见冀缺耨，其妻饁之。敬，相待如宾。与之归，言诸（晋）文公曰："敬，德之聚也。能敬必有德，德以治民，君请用之。臣闻之，出门如宾，承事如祭，仁之则也。"公曰："其父有罪，可乎？"对曰："舜之罪也殛鲧，其举也兴禹。管敬仲，桓之贼也，实相以济。《康诰》曰：'父不慈，子不祗，兄不友，弟不共，不相及也。'《诗》曰：'采葑采菲，无以下体。'君取节焉可也。"文公以为下军大夫。

臼季向晋文公推荐冀缺，认为他为人恭敬，道德品质很好,合乎仁的原则,可以提拔他做官。晋文公根据传统观念,认为冀缺的父亲有罪,这样做恐怕不合适。[1]臼季则认为,父子兄弟不相连累,主要看个人的品德。实际上,季臼是提出了一个"任人唯贤"的观念,这个观念和传统的"任人唯亲"的观念是对立的。

既然是"任人唯贤",究竟怎样才算作贤呢?这里也存在着关于道德标准的问题。《左传》僖公二十七年记载,晋文公蒐于被庐,作三军,谋元帅。赵衰向晋文公推荐郤縠。他说:

> 臣亟闻其言矣。说礼乐而敦诗书。诗书,义之府也。礼乐,德之则也。德义,利之本也。

赵衰认为,郤縠具有德义两种品德,可以做元帅。《国语·晋语七》记载:

> 悼公使张老为卿。辞曰:"臣不如魏绛。夫绛之知能治大官,其仁可以利公室不忘,其勇不

---

[1] 可见看重血缘宗法关系的思想,已有数千年历史,根深蒂固。今天还在一些人的头脑中起作用。

疲于刑,其学不废其先人之职。若在卿位,外内必平。"

这是把知、仁、勇、学四种品德当作鉴别人才的标准。此外还有根据其他的一些品德来鉴别的。

究竟各种品德的内涵及其相互关系是什么,有没有一种统率各种品德的基本原则,人们从各种角度进行了探索,提出了一些不同的说法。例如:

>夫仁、礼、勇,皆民之为也。以义死用谓之勇,奉义顺则谓之礼,畜义丰功谓之仁。奸仁为佻,奸礼为羞,奸勇为贼。(《国语·周语中》)
>
>人所以立,信、知、勇也。信不叛君,知不害民,勇不作乱。(《左传》成公十七年)
>
>恤民为德,正直为正,正曲为直,参和为仁。(《左传》襄公七年)
>
>夫敬,文之恭也;忠,文之实也;信,文之孚也;仁,文之爱也;义,文之制也;知,文之舆也;勇,文之帅也;教,文之施也;孝,文之本也;惠,文之慈也;让,文之材也……天六地

> 五,数之常也。经之以天,纬之以地。经纬不爽,文之象也。(《国语·周语下》)

这一些不同的说法,都是沿用旧的概念而注入了新的内容,依据于传统而又不同程度地突破了传统,虽然是针对着具体的人和事发表的议论,也表现了一种系统化的努力。特别是以仁这种品德看作是德、正、直三种品德的综合,为后来儒家的道德思想提供了直接的思想材料。

在这个时期,一些国家为适应战争的需要,实行了按军功赐田宅定爵位的新规定。《左传》哀公二年记载,晋国的赵简子在前线誓师说:

> 克敌者,上大夫受县,下大夫受郡,士田十万,庶人工商遂,人臣隶圉免。

这种新规定不以品德为标准,而以军功为标准,在道德思想上激发了一种功利主义的倾向。一些人把争取富贵看作是正当合理的,还有一些人则认为应该用道德来进行适当的节制。这两种不同的看法就是后来中国哲学史上持续了几千年的"义利之辨"的先声。《左传》襄公二十八年记载,齐国平定了崔杼、庆封之乱,以邶殿边鄙六十邑赏赐给晏婴。晏婴不接受。

> 子尾曰:"富,人之所欲也,何独弗欲?"对曰:"庆氏之邑足欲,故亡。吾邑不足欲也,益之以邶殿,乃足欲。足欲,亡无日矣……不受邶殿,非恶富也,恐失富也。且夫富如布帛之有幅焉,为之制度,使无迁也。夫民生厚而用利,于是乎正德以幅之,使无黜嫚,谓之幅利。利过则为败。吾不敢贪多,所谓幅也。"

晏婴并不反对子尾的看法,也肯定追求富是人们的正当的欲望,但他认为满足欲望应该有一个限度,超过了限度,反而会走向反面,连原来已拥有的也丧失掉("非恶富也,恐失富也")。后来晏婴又进一步发挥了这个思想,把义看作是利之本。他说:

> 凡有血气,皆有争心,故利不可强,思义为愈。义,利之本也。(《左传》昭公十年)

可以看出,晏婴的这个思想和后来荀子的道德思想有着一定的渊源关系。

无论是以品德为标准选拔人才还是以军功为标准选拔人才，都是封建制取代奴隶制的过程中出现的新事物。它们必然促使宗法奴隶制的社会政治结构逐渐解体，根据新的原则来建立适合于封建制需要的等级制度。封建制为社会的各个成员提供了比奴隶制广阔得多的活动场所，人们虽然没有完全摆脱传统的以宗法血缘为基础的隶属关系的束缚，但在不同的程度上得到了一种解放。这种社会的解放在道德思想上的反映，就表现为人们不再满足于把传统的道德当作无可争议的原则来服从了，人们从不同的方面探索着新的道德价值，并且根据这种新的道德价值来指导行为。《左传》襄公二十四年所记载的穆叔和范宣子关于不朽的辩论，实际上就是一场新旧人生观的辩论。

> 穆叔如晋。范宣子逆之，问焉，曰："古人有言也，'死而不朽'，何谓也？"穆叔未对。宣子曰："昔匄之祖，自虞以上，为陶唐氏，在夏为御龙氏，在商为豕韦氏，在周为唐、杜氏，晋主夏盟为范氏，其是之谓乎？"穆叔曰："以豹所闻，此之谓世禄，非不朽也。鲁有先大夫曰臧文仲，

> 既没，其言立。其是之谓乎？豹闻之，大上有立德，其次有立功，其次有立言，虽久不废，此之谓不朽。若夫保姓受氏，以守宗祊，世不绝祀，无国无之。禄之大者，不可谓不朽。"

这场辩论接触到一个深刻的道德哲学的问题。人生在世，从事道德修养，选择道德行为，追求道德完善，不能不确定他坚信的道德价值。范宣子认为，他心目中的不朽就是不做忝辱祖宗的事情，保持世袭的禄位，延续祖宗的禋祀。很显然，这是一种传统的以宗法血缘为基础的道德观念。穆叔否定了这种传统的道德观念，提出了一种新的社会性的道德观念，把立德、立功、立言看作是不朽，主张人们应该超出宗族的界限，为社会做出贡献。穆叔对保持世禄表示蔑视，而把鲁国的大夫臧文仲奉为立言的典范，他心目中当然还有其他的一些立德、立功的典范。这种新的道德观念表明当时以祖宗为典范的传统的价值标准是动摇了，而把为社会做出贡献当作人们所应该追求的崇高的道德目的。这是春秋时期道德思想进展的一个重要的标志，为战国时期 些学派建立道德思想体系提供了重要的思想前提。

管仲学派[*]

---

[*] 本文是任继愈主编《中国哲学发展史》(先秦卷)的一篇,系任继愈和孔繁、牟钟鉴、余敦康、周继旨、阎韬合撰。

一 战国时期各国社会改革的
不同道路和管仲学派的形成

　　管仲学派是战国时期齐人继承和发展管仲的思想而形成的一个学派。这个学派根据齐国的具体情况和文化传统，总结齐国社会改革的经验，为封建统治者提供了一个完整的政治哲学体系，和与鲁文化有渊源关系的孟荀学派即儒家学派以及产生于三晋的商韩学派即法家学派有着明显的不同。概括地说，这三个学派相互区别的主要标志在于他们对待宗法制的不同态度。鲁学派即儒家学派对宗法制取全盘保留的态度，主张建立一个以周王朝的礼治秩序为模型的封建性的宗法等级制度，并且强调宗法道德对于巩固封建统治的作用。三晋学派即法家学派则恰恰相反，对宗法制取全盘否定的态度，主张建立一个绝对专制主义的王权，认为宗法道德不利于王权，应以功过标准来代替善恶标准，以法律来代替道德。齐学派即管仲学派则介乎二者之间，对宗法制取半保留半否定的态度，主张把宗法制和中央集权制有机地结合起来，把礼治和法治有机地结合起来，既强调以法律来加强王权，又重视用宗法道德来巩固封建统治。这三个学派从这种对待宗法制的不同态度出发，各自创立了一套完整的社会政治思想和哲学思想体系。他们相互辩论，广为宣传，在战国时期百家争鸣的学术舞台上扮演了主要的角色。

社会意识是社会存在的反映。这三个不同的为封建统治阶级服务的学派，代表着三个不同的政治倾向，绝不是偶然产生的，而是由各国在奴隶制时代受宗法制的影响有深有浅、以及由奴隶制向封建制过渡形式的多样性和社会改革的不同道路所决定的，因而有着深刻的社会历史根源。

第一，各国在奴隶制时代受宗法制的影响有深浅的不同。

宗法制和奴隶制这两个概念并不是等同的。如果说奴隶制指的是社会形态的内容，宗法制则是社会形态所采用的组织形式。从世界史的角度来看，各个民族的奴隶制根据自身的民族特点采用了各种不同的组织形式。中国古代奴隶制所采用的组织形式是宗法制，这是中国奴隶制不同于其他各国奴隶制的主要特点。

中国的宗法奴隶制在周代达到成熟。周人灭殷以后，为了统治广大的被征服地区，把本部落的血缘氏族组织变为国家机关，按照宗法制的原则层层分封，建立了一个从天子到诸侯以至卿大夫的宝塔式的宗法奴隶制的社会制度，并在此基础上发展了一套统名之为"周礼"的宗法制文化。在当时中国这块辽阔的土地上，周人就是用了这套宗法制度和宗法文化，把汉族的前身华夏族团结在一起，凡采用周礼的便叫作华夏族，凡不采用周礼的则称为戎狄蛮夷。

但是，参加华夏族联盟的各诸侯国是结合自己所封地区的实际情况推行宗法制度的，因而发展得极不平衡。例如鲁国和齐国就不一样。据《史记·鲁周公世家》记载："鲁公伯禽之初受封之鲁，三年而后报政周公。周公曰：'何迟也？'伯禽曰：'变其俗，革其礼，丧三年然后除之，故迟。'太公亦封于齐，五月而报政周公。周公曰：'何疾也？'曰：'吾简其君臣礼，从其俗为也。'"这说明鲁国花了三年的时间对社会进行全面改组，宗法制度推行得比较彻底，齐国则因地制宜，只用了五个月的时间便改组完毕，宗法制度推行得不够彻底。到了春秋末年，孔子比较这两国的情况说："齐一变，至于鲁，鲁一变，至于道。"（《论语·雍也》）这说明当这两国即将进入封建制的前夕，鲁国的宗法制比齐国要保留得多一些。至于晋国的始祖唐叔于西周初年受封时，"命以唐诰，而封于夏虚，启以夏政，疆以戎索"（《左传》定公四年）。这说明成王命令唐叔结合戎狄游牧地区的实际情况，沿用戎狄的习惯法规进行统治。和齐国比起来，晋国的宗法制度就推行得更不彻底了。处于西陲的秦国是在平王东迁后才受封为诸侯的，长期与戎狄杂处，直到秦孝公时，中原地区奉行宗法制的各诸侯国仍"夷狄遇之"，这说明宗法制在秦国基本上很少推行。

第二，各国由奴隶制向封建制过渡形式的多样性和社会改革的不同道路。

鲁国是在宗法制很少受到触动的情况下进入封建制的。鲁国的三桓原是宗室贵族，是世袭的奴隶主阶级，在生产力发展的刺激下，他们主动抛弃无利可图的奴隶制剥削方式而采用较为有利的封建制剥削方式，于是便把自己转化成新兴地主阶级而把奴隶转化成农奴。当这种转化完成，三桓仍是宗室贵族，不过却成为世袭的封建地主阶级了。在向鲁国国君进行政治斗争时，三桓无须改变宗法体制,只是在权力上和国君互换一下位置,便算取得了政治斗争的胜利。鲁国由奴隶制向封建制过渡,社会形态的内容变了,国家政权的阶级性质变了,但是宗法制的外壳却是比较完整地保留下来了。

鲁国从春秋末年建立封建主义的统治到战国末年灭亡,二百余年间始终维持着从奴隶制时代传下来的宗法体制,没有进行重大改革。对于维护宗法制的儒家学说,鲁国一贯是扶植尊崇的态度。孔子在世时,曾反对三桓向鲁国国君夺权,而三桓作为地主阶级革命时期的代表,不仅没有从思想上和政治上对孔子进行自觉的抵制,反而多次向他请教,并且大量聘请孔子的学生做家臣。孔子死后,他们年年去祭祀孔子坟墓,建立孔子庙堂讲习礼乐,在鲁国大力提倡儒家学说。司马迁说:"及高皇帝诛项籍,举兵围鲁,鲁中诸儒尚讲诵习礼乐,弦歌之音不绝,岂非圣人之遗化,好礼乐之国哉。"(《史记·儒林列传》)

因此,以维护宗法制为特征的儒家学说,适应于鲁国的文化传统和具体情况而发展起来,不是偶然的现象。

齐国新兴势力的代表田氏不是宗室贵族,和具有盘根错节势力的宗室贵族比起来,他们只算势单力薄的外来户,于是他们采用各种收买人心的办法来争取民众的支持,壮大自己的力量，并通过掌握刑赏大权的办法，逐步把齐国的政权夺到手。在新旧势力的斗争中，齐国旧的宗室贵族势力被田氏消灭干净，这都是和鲁国不相同的地方。

但是，姜姓齐国变为田姓齐国的过程也就是田氏新贵取代旧的宗室贵族的过程，这批新贵就是田姓齐国封建统治集团的核心，他们在体制上仍然实行着宗法制的世卿世禄制。至于齐国的社会基层组织，也保留着不少的宗法制度。如《管子·问》说："问国之弃人，何族之子弟也？""问乡之贫人，何族之别也？""问宗子之收昆弟者、以贫从昆弟者几何家？""余子仕而有田邑，今入者几何人？""余子父母存，不养而出离者几何人？"从统治集团和社会基层组织都还保留着宗法制来看，齐国和鲁国又有相同的地方。

由于齐国是一个大国，在当时争夺霸权的激烈斗争中，必须有一个强大的王权，所以齐国对从历史上保留下来的宗法制度进行相应的改革，使之服从中央集权的要求。齐威王的改革便是本着这个精神进行的。据说"威王初即位以来，不治，委政卿大夫，九年之间，诸侯并伐，国人不治"。后来威王加强了王权，根据即墨大夫治理即墨的政绩优异，赏了他万家的食邑；根据阿大夫治理阿的政绩恶劣，处以烹刑,"于是齐国震惧,人人不敢饰非,务尽其诚,齐国大治"(《史记·田敬仲完世家》)。

因此,管仲学派所设计的把礼治和法治有机结合起来的封建体制,不同于儒法两家的设计而别具一格,是反映了田齐封建统治集团的利益,适应于齐国具体情况的产物,也是一种合乎规律的历史现象。

三晋地区是大国军事争夺最集中的地区,战争连年不断,兼并激烈进行,为适应战争的需要,首先在这里实行了按军功赐田宅定爵位的新办法。据《左传》哀公二年记载,赵简子在前线誓师说:"克敌者,上大夫受县,下大夫受郡,士田十万,庶人工商遂,人臣隶圉免。"新办法实行的结果,就是培养了一批军功贵族,扶植了一批因军功而从平民发家的地主阶级。这也是一批新贵,但是他们和齐国的田氏新贵不一样,和鲁国三桓那样的旧宗室贵族更不一样。他们已经完全打破了封建宗法等级制度的旧框子,把自己的命运和国家政权紧密地结合起来。他们是拥护王权的,因为只有在王权的支持下,他们才能凭军功分配财产和权力。他们和宗室贵族有矛盾,这是统治集团之间的矛盾。这种矛盾有时缓和,有时激化,随时间条件的不同而有不同的表现形式。法家学派就是反映这一阶层的利益而发展起来的一个学派，因而在理论上表现为彻底反宗法的绝对王权主义。

由于三晋掌权的是和齐国的田氏新贵一样的宗室贵族，所以法家的那一套彻底反宗法的政策在三晋行不通。"奉戎狄之教"的秦国文化落后，不曾做出什么文化创造，但却是一个推行法家政策的合适的地方。商鞅辅助秦孝公变法，规定"宗室非有军功论，不得为属籍"，就是完全按照军功贵族的利益，废除封建宗法等级制度，确立以军功为标准的新的封建等级制度。"令民为什伍""民有二男以上不分异者，倍其赋"（《史记·商君列传》)，就是按地域编制居民，拆散宗族关系，强迫分居，确立以小家庭为单位的土地财产所有制。秦国改革的结果，不仅在政治体制和社会组织上和齐国、鲁国不同，就在人民的道德风尚上也和齐国、鲁国有明显的区别。荀子曾经做了细致的比较，他说："天非私齐、鲁之民而外秦人也，然而（秦人）于父子之义，夫妇之别，不如齐、鲁之孝具敬文者，何也？以秦人之从（纵）情性，安恣睢，慢于礼义故也。"（《荀子·性恶》）

总起来说，中国在战国时期并没有形成大一统的局面，而是正经历着由诸侯割据称雄的封建国家向统一的专制主义的中央集权的封建国家的转变。在这个历史转变时期，各个封建国家由于文化传统不同，受宗法制的影响不同，向封建制过渡的形式不同，社会改革的道路不同，统治集团的组成成分不同，社会经济结构不同，因而各自建立了符合本国具体情况的不同的封建体制，选择了不同的政治制度和不同的意识形态。客观历史的这种复杂多样性反映到学术思想上来，于是出现了三个同是为封建地主阶级服务但却代表着不同政治倾向的学派，并不是不可理解的现象。当然，这三个学派本身也有分化和矛盾，例如孔子、孟子、荀子就很不相同，商鞅和韩非也不一样，保存在《管子》书中的管仲学派的思想资料也非出自同一作者之手，其中也有不少矛盾抵牾的地方。但是，如果联系到鲁、齐和三晋这三个地区的不同的文化传统看这三个学派对待宗法制的不同的态度，还是可以比较精确地把这三个学派区分开来的。

二 《管子》书所保存的管仲学派的思想资料

现存《管子》书是刘向编定的。郭沫若说："《管子》书是一种杂烩，早就成为学者间的公论了。那不仅不是管仲做的书，而且非作于一人，也非作于一时。它大率是战国及其后的一批零碎著作的总集，一部分是齐国的旧档案，一部分是汉代开献书之令时由齐地汇献而来的。"(《青铜时代·宋钘尹文遗著考》)他建议说："《管子》书当分析成若干类集以进行研究。"(《奴隶制时代·〈侈靡篇〉的研究》)基于这个看法，他从现存的《管子》书中，考证出《心术》《内业》《白心》《枢言》为稷下先生宋钘尹文的遗著。这四篇是否为宋钘尹文遗著，学术界有不同的看法，裘锡圭认为是慎到田骈学派作品（见裘著《马王堆〈老子〉甲乙本卷前后佚书与"道法家"》，《中国哲学》第2辑），朱伯崑也认为是齐国法家慎到一派的著作（见朱著《〈管子〉四篇考》，《中国哲学史论文集》第1辑）。这四篇究竟为谁所做，尚需进一步研究，大体上可以确定为稷下先生的著作。《管子》书中确实有不少稷下先生的著作。但是，其中大部分的思想资料是属于管仲学派的。

齐国在宣王时代办了一个稷下学宫，这是一个百家争鸣的自由讲坛，许多学派的代表人物都曾来这里讲学，有阴阳家，有道家，有法家，也有儒家。他们的著作在齐国史馆里自会有所保存，当刘向编书时，把这些著作作为齐国的旧档案汇总编入《管子》书中，是丝毫不足怪的事。

但是，在刘向编定的现存的《管子》书之前，还另有一本《管子》书。这本《管子》书很可能就是不曾掺杂稷下先生著作的管仲学派的论文集。

早在韩非以前，这本《管子》书就已广为流传了。韩非说："今境内之民皆言治，藏商、管之法者家有之。"（《韩非子·五蠹》）韩非把商、管两家书并提，其实这是两个不同的思想体系。贾谊曾研究过这本《管子》书，指出这本书有一个明确的思想体系，和商鞅的思想体系是根本对立的。他说："夫立君臣，等上下，使父子有礼，六亲有纪，此非天之所为，人之所设也。夫人之所设，不为不立，不植则僵，不修则坏。筦（管）子曰：'礼义廉耻，是谓四维，四维不张，国乃灭亡。'使筦（管）子愚人也则可，筦（管）子而少知治体，则是岂可不为寒心哉！"这就是说，管仲学派的思想特征是重视用宗法道德来巩固封建统治。至于商鞅则恰恰相反，完全否定宗法道德。他比较说："商君遗礼义，弃仁恩，并心于进取，行之二岁，秦俗日败。""秦灭四维而不张，故君臣乖乱，六亲殃戮，奸人并起，万民离叛，凡十三岁，〔而〕社稷为虚。"（《汉书·贾谊传》）贾谊根据商、管对待宗法道德的不同态度指出他们的对立，而这也确实是管仲学派和商韩学派相互区别之所在。

从贾谊的论述，我们可以推测，贾谊所见的《管子》书并不像刘向所编定的那样是一种杂烩，可能就是由齐人编定的有明确思想特征的管仲学派的论文集。

司马迁也曾研究过这本《管子》书，并且举出了篇目。他说："吾读管氏《牧民》《山高》《乘马》《轻重》《九府》，及《晏子春秋》，详哉其言之也。既见其著书，欲观其行事，故次其传。至其书，世多有之。"（刘向《别录》曰，《九府》书民间无有，《山高》一名《形势》"）司马迁也认为这本书有一个明确的思想体系，他概括这本书的思想特征和贾谊所概括的是完全一致的，而且更为完整。他引《管子》："故其称曰：仓廪实而知礼节，衣食足而知荣辱，上服度则六亲固。四维不张，国乃灭亡。下令如流水之源，令顺民心。""故曰：知与之为取，政之宝也。"（《史记·管晏列传》）。这些文句均见今本《管子·牧民》，这确是管仲学派的思想体系的核心，今本《管子》书有许多篇是体现了这些思想的。

韩非、贾谊、司马迁都在刘向前，他们所见的《管子》书当然不是刘向所编定的一本。这本书不是一种杂烩，据贾谊和司马迁所称引，是贯穿着一个能和别家区别开来的明确的思想体系的。后来刘向编书，把齐国旧档案所保存的稷下先生的著作和这本书编在一起，统名之为《管子》，于是《管子》书便搞砸了。其实，如果将《管子》书分成类集进行研究，第一步只需分成两类就行了。一类是管仲学派的著作，这是《管子》书的原本，是刘向编书以前早已广泛流传并经韩非、贾谊、司马迁认真研究过的，另一类是稷下先生的著作，这是直到刘向编书时才掺杂进去的。如果我们把稷下先生的著作从今本《管子》书中剔出来，剩下的便属于管仲学派的著作，接近于韩非、贾谊、司马迁所见的那个原本了。如果再做进一步的研究，把剔出的稷下先生的著作进行第二步的分类，分成阴阳家、道家、法家、儒家等，这便可以充分利用《管子》书所保存的思想资料，找出先秦哲学许多失掉了的环节，极大地丰富中国哲学史的内容。

本文就以贾谊和司马迁所提供的两个依据来鉴别《管子》书中属于管仲学派的思想资料。第一个依据是他们所概括的管仲学派的思想特征。这个思想特征是为管仲学派所有而其他学派所无的，可以作为划分管仲学派和非管仲学派的分界线。第二个依据是司马迁所列举的篇目。当然，司马迁没有把他所见的《管子》书的篇目全部列举，但是，已列举的几篇思想一致，一定是属于管仲学派的，如果其他篇有与这几篇的思想相一致，也可据以断定为属于管仲学派的著作。

三　管仲学派的社会政治思想

（一）"作内政而寄军令"的社会编制思想。

"作内政而寄军令"的社会编制思想，是春秋初年管仲辅助齐桓公创立霸业时首先提出来的，前人论及这一思想多认为这是"管仲变成周之制""善变周公之法"。这一思想的基本精神就是寓兵于农，把居民的乡里组织和军队的编制结合起来。战国时期，管仲学派继承和发展了管仲的这一思想，结合齐国的具体情况，设计出了一种具有特色的封建性的社会结构。这种社会结构一方面利用乡里组织中的宗法制成分作为加强团结的纽带，另一方面又通过军队的编制实行自上而下的集权。这就既不同于儒家完全照搬成周宗法制的那种模式，又与法家的那种完全是军队编制的社会结构相区别。管仲学派的一整套社会政治思想就是以这种独特的社会编制思想为核心而发展起来的。

这种社会编制思想集中于《管子》的《立政》《乘马》《小匡》等篇（以下引《管子》，只注篇名）。但是各篇所谈的系统不一样，名称也不统一，有的是谈军事编制制度，有的是行政管辖制度，有的是居民组织制度，有的是生产组织制度。由于这些制度实际上并没有认真推行，只不过是管仲学派所提出的设计方案，所以我们不必对之做历史的考证，只着重研究设计这种制度的指导思想。

据《小匡》篇的说法，"制国以为二十一乡，商工之乡六，士农之乡十五"。划定士农工商的住区，规定按职业世代相袭，不许他们随便迁徙和杂处。让士这个阶层成为聚族而居的常备军，战时作战，平时除春秋两季操练外，则专心讲习宗法道德，"父与父言义，子与子言孝，其事君者言敬，长者言爱，幼者言弟。且昔从事于此，以教其子弟。少而习焉，其心安焉，不见异物而迁焉。是故其父兄之教，不肃而成；其子弟之学，不劳而能。夫是故士之子常为士"。农民也是聚族而居，专心讲习农业生产技术，世代相袭。但是农民中"其秀才之能为士者"，可以选拔到士阶层中去。工商也是一样，专心本业，世代相袭。由于全国都以这种按职业聚族而居、世代相袭的办法编制起来，所以必须利用这种结构中的宗法制成分作为加强团结的纽带。管仲学派认为，"公修公族，家修家族，使相连以事，相及以禄，则民相亲矣。放旧罪，修旧宗，立无后，则民殖矣。

省刑罚,薄赋敛,则民富矣。乡建贤士,使教于国,则民有礼矣"。

但是,在当时争夺霸权的激烈斗争中,也必须使这种带有宗法制成分的组织和军队的编制结合起来,才能提高军队的战斗力。结合的办法是,士农之乡以五家为轨,每家抽一人入伍,就成五人为伍,由轨长统率;十轨为里,就成五十人为小戎,由里有司统率;四里为连,就成二百人为卒,由连长统率;十连为乡,就成二千人为旅,由乡良人统率;五乡一帅,就成一万人为军,由五乡之帅统率。这样,十五个士农之乡就编制成三军。这种编制的特点,就是"卒伍政定于里,军旅政定于郊,内教既成,令不得迁徙",既是平时的组织,也是战时的组织,既通过军事编制以集中统一指挥,又不打乱原有的宗族联系以加强军队的团结。管仲学派认为,"故卒伍之人,人与人相保,家与家相爱。少相居,长相游,祭祀相福,死丧相恤,祸福相忧,居处相乐,行作相和,哭泣相哀。是故夜战,其声相闻,足以无乱;昼战,其目相见,足以相识,欢欣足以相死。是故以守则固,以战则胜"。

《立政》篇提出了另一种设想,说法与《小匡》篇不同。《立政》篇认为,分国以为五乡,乡有乡师;分乡以为五州，州有州长；分州以为十里，里有里尉；分里以为十游，游有游宗；十家为什，伍家为伍，什伍皆有长。这说的是行政管辖和居民组织制度。居民以里为单位聚居在一起，修筑围墙，设立里门，里门的钥匙由里尉保管，按时开关，由看门小吏监视居民出入，如发现不按时出入，或穿戴不合规定，或表现异常的人，要随时报告。里尉接到报告，则逐级向下警告批评。如果发现居民中有"孝悌、忠信、贤良、俊材"，则通过这一套组织系统逐级向上反映到中央。中央政府以赏罚进行控制，实行"罚有罪不独及，赏有功不专与"的制度，就是说，不论赏功罚罪，周围有关的人都要牵连进去。

国和野的制度不同，《立政》篇把国分为五乡，把野分为五属，乡的最高长官叫乡师，属的最高长官叫属大夫。《立政》篇主张，每年正月初一，由君主颁布法令，五乡之师和五属大夫要亲自在国君面前学习法令的内容。法令颁布完毕，太史便把法令底册存入太府，五乡之师和五属大夫则立刻分途向下级传达。法令不传达完不能回到住所，否则"罪死不赦"。法令颁布以后，有不执行法令的，"罪死不赦"。凡执行法令而与藏于太府的底册有出入的，"罪死不赦"。负责办事的人要严格遵照法令进行赏罚，如有和法令规定相违背的，即令所做的事情有成效，也叫作专断，"罪死不赦"。管仲学派设想的这一套办法，目的在于建立自上而下的君主集权。

但是这种君主集权不同于法家学派所设想的那种绝对专制主义的中央集权制，而是一种和地方自治结合起来的独特的模式。《权修》篇说"朝不合众，治之至也"，意思是朝廷不经常召集百官议事，国家的治理就算达到了最高水平。"朝不合众，乡分治也"，意思是国家的治理之所以能达到最高水平，就是因为实行了以乡为单位的自治制度。《权修》篇并且反问说："有乡不治，奚待于国？"意思是如果不把乡治理好，怎么谈得上治理国家呢？

《小匡》篇详细阐述了这种把君主集权和地方自治结合起来的办法。每年正月，乡长到国君面前汇报工作。国君亲自考核政绩，问道："于子之乡，有居处为义好学，聪明质仁，慈孝于父母，长弟闻于乡里者，有则以告，有而不以告，谓之蔽贤，其罪五。""于子之乡，有拳勇股肱之力，筋骨秀出于众者，有则以告，有而不以告，谓之蔽才，其罪五。""于子之乡，有不慈孝于父母，不长弟于乡里，骄躁淫暴，不用上令者，有则以告，有而不以告，谓之下比，其罪五。""于是乎乡长退而修德进贤"，"乡退而修连，连退而修里,里退而修轨,轨退而修家。是故匹夫有善,故可得而举也,匹夫有不善,故可得而诛也"。五属大夫也要接受同样的考核。国君专门对政绩无甚成效的大夫责备说:"列地分民者若一,何故独寡功?何以不及人?教训不善,政事其不治,一再则宥,三则不赦。"考核完了,"于是乎五属大夫退而修属,属退而修连,连退而修乡,乡退而修卒,卒退而修邑,邑退而修家。是故匹夫有善,可得而举,匹夫有不善,可得而诛。政成国安,以守则固,以战则强,封内治,百姓亲,可以出征四方,立一(而)霸王矣"。

《小匡》篇所说的这种办法,既强调由国君掌握法令赏罚以建立中央集权,又重视利用乡里组织中的宗法制成分以加强对人民的控制。这是一种把中央集权和宗法制有机结合起来的封建体制,有着不同于儒法两家的鲜明特点。管仲学派的一整套社会政治思想都是为着建立这种封建体制而服务的。

(二)礼法并用的统治方术。

礼这个概念主要是指按宗法制的原则组织起来的一套等级制度,以及适应于这套等级制度的统治方术和道德规范。它的特点在于强调用温情脉脉的血缘感情来维护上下尊卑的名分等级，把统治与服从的政治关系和父慈子孝、兄友弟恭的亲属关系巧妙地交织在一起。法和礼不同，它主要是指斩断血缘亲属关系而纯粹按政治权力的从属关系组织起来的一套等级制度。由于这套等级制度把人与人的关系完全变成为冷冰冰的统治与服从的政治关系，所以适应于这套等级制度的统治方术不在于提倡宗法道德，而在于严格执行按功过进行赏罚的办法，以维护君主意志的至高无上的权威。儒家学派以礼为基本概念发展了一套宗法制的政治思想体系，法家学派则以法为基本概念发展了一套绝对专制主义的政治思想体系。管仲学派和儒法两家都不相同，他们设想了一种把中央集权和宗法制有机结合起来的封建体制，因而主张采取礼法并用的统治方术。这是管仲学派政治思想的基本特征。

《五辅》篇详细论述了礼所包括的八个条目和礼对于维护封建等级制度的重大意义。它说：

> 上下有义，贵贱有分，长幼有等，贫富有度，凡此八者，礼之经也。故上下无义则乱，贵贱无分则争，长幼无等则倍，贫富无度则失（佚）。上下乱，贵贱争，长幼倍，贫富失（佚），而国不乱者，

未之尝闻也。是故圣王饬此八礼，以导其民。八者各得其义，则为人君者，中正而无私；为人臣者，忠信而不党；为人父者，慈惠以教；为人子者，孝悌以肃；为人兄者，宽裕以诲；为人弟者，比顺以敬；为人夫者，敦懞以固；为人妻者，劝勉以贞。夫然则下不倍上，臣不弑君，贱不踰贵，少不陵长，远不间亲，新不间旧，小不加大，淫不破义。凡此八者，礼之经也。夫人必知礼然后恭敬，恭敬然后尊让，尊让然后少长贵贱不相踰越，少长贵贱不相踰越，故乱不生而患不作。故曰礼不可不谨也。

《牧民》篇把礼义廉耻看成是"国之四维"，即维护国家统治的四根大绳索，其中一根断了，国家就要倾斜；两根断了，就有危险；三根断了，就要颠覆；四根都断了，就要灭亡。为了整顿四维，使人民顺从统治以巩固政权，《牧民》篇主张"明鬼神，祗山川，敬宗庙，恭祖旧"。其所以如此，是因为"不明鬼神，则陋民不信；不祗山川，则威令不闻，不敬宗庙，则民乃上校；不恭祖旧，则孝悌不备。四维不张，国乃灭亡"。

《权修》篇进一步论述了提倡四维的作用，认为这是政治的根本。它说：

> 凡牧民者，欲民之有礼也。欲民之有礼，则小礼不可不谨也。小礼不谨于国，而求百姓之行大礼，不可得也。凡牧民者，欲民之有义也。欲民之有义，则小义不可不行也。小义不行于国，而求百姓之行大义，不可得也。凡牧民者，欲民之有廉也。欲民之有廉，则小廉不可不修也。小廉不修于国，而求百姓之行大廉，不可得也。凡牧民者，欲民之有耻也，欲民之有耻，则小耻不可不饬也。小耻不饬于国，而求百姓之行大耻，不可得也。凡牧民者，欲民之谨小礼，行小义，修小廉，饬小耻，禁微邪，此厉民之道也。民之谨小礼，行小义，修小廉，饬小耻，禁微邪，治之本也。

但是，为了建立自上而下的君主集权，管仲学派同时也极力强调法的作用。《法禁》篇说："《泰誓》曰：'纣有臣亿万人，亦有亿万之心。武王 有臣三千而一心。'故纣以亿万之心亡，武王以一心存。故有国之君，苟不能同人心，一国威，齐士义，通上之治以为下法，则虽有广地众民，犹不能以为安也。"这意思是说，如果一个国家的君主不能统一民心，集中权力，把自己的意志贯彻下去作为臣民行动的准则，即令这个国家土地广大，人口众多，也是不巩固的。《重令》篇说："凡君国之重器，莫重于令。令重则君尊，君尊则国安；令轻则君卑，君卑则国危。故安国在乎尊君，尊君在乎行令，行令在乎严罚。""故明君察于治民之本，本莫要于令。故曰：亏令者死，益令者死，不行令者死，留令者死，不从令者死。五者死而无赦，唯令是视。"这就是说，法令是统治国家的重要工具，法令是治国的根本。《任法》篇说："有生法，有守法，有法于法。夫生法者，君也；守法者，臣也；法于法者，民也。君臣上下贵贱皆从法，此谓为大治。"这就是说，君主制定法令，臣子执行法令，人民遵守法令，一切人都按照法令办事，就叫作大治。

既然礼是治国的根本，法也是治国的根本，这两个根本如何统一起来呢？管仲学派从理论上探讨了礼和法的相互关系，提出了一个矛盾的说法。《任法》篇说："所谓仁义礼乐者，皆出于法，此先圣之所以一民者也。"这就是说，礼是从法中产生的。《枢言》篇说："人故（固）相憎也，人之心悍，故为之法。法出于礼，礼出于治（何如璋云:'治'乃'名'字,以形近而误)。治礼道也,万物待治礼而后定。"这就是说,法是从礼中产生的。究竟是礼从法生还是法从礼生呢?如果单从《任法》和《枢言》的说法来看,是无法判断的。但是联系到管仲学派的国家起源论来看,我们可以确定,礼和法的相互关系是一种相辅相成的关系。

《君臣下》篇提出了一个完整的国家起源论:"古者未有君臣上下之别,未有夫妇妃匹之合,兽处群居,以力相征。于是智者诈愚,强者凌弱,老幼孤独不得其所。故智者假众力以禁强虐,而暴人止;为民兴利除害,正民之德,而民师之。是故道术德行,出于贤人,其从义理兆形于民心,则民返道矣。名物处,韪非分,则赏罚行矣;上下设,民生体(姚永概云:据尹注则两体字均本作礼),而国都立矣。是故国之所以为国者,民体(礼)以为国;君之所以为君者,赏罚以为君。"这就是说,国家是智愚强弱相互矛盾斗争的产物。由于智者凭借人民的力量制止争夺,为民兴利除害,所以人民奉他为国君。于是贤人(智者)规定了一套合平道术德行的贵贱上下的等级制度(即礼),国家也就随之而成立了,由这种等级制度而产生了名实是非的分别,国君据此实行赏罚(即法),国君的威权也就随之而建立起来了。可以看出，这个国家起源论是田齐夺取政权在理论上的投影，和殷周君权神授的国家起源论是根本对立的。

从管仲学派的国家起源论来看，礼和法都是维护封建等级制度的统治方术，二者并不是对立的，而是相辅相成的。法是指国君掌握刑赏大权以维护封建等级制度的统治方术，礼则是指依赖于人们的宗法道德自觉地维护封建等级制度的统治方术。《君臣下》篇还说："君子食于道，则义审而礼明。义审而礼明，则伦等不逾，虽有偏卒之大夫，不敢有幸心，则上无危矣。""治斧钺者不敢让刑，治轩冕者不敢让赏，隙然若一父之子，若一家之实，义礼明也。"这就是说，如果运用礼这种统治方术，不仅臣下能够自觉地尊重等级制度，维护君权，而且顺从得像一个父亲的儿子，和睦得像一个家庭的人一样。从这些说法来看，管仲学派虽然主张采用礼法并用的统治方术，似乎还是比较偏重于礼。

在具体的实施上，究竟是礼先法后还是法先礼后呢？说法也是不统一的。《权修》篇说："厚爱利足以亲之，明智礼足以教之，上身服以先之，审度量以闲之，乡置师以导之。然后申之以宪令，劝之以庆赏，振之以刑罚。故百姓皆悦为善，则暴乱之行无由至矣。"这意思是说，先对人民进行义礼道德的教化，然后用法令来约束，用奖赏来劝勉，用刑罚来威慑，这样才能达到使人民为善去恶的目的。这就是说，在具体的实施上，应该礼先法后。《正世》篇的说法与此不同，主张法先礼后。它说："夫君人之道，莫贵于胜，胜故君道立，君道立，然后下从，下从，故教可立而化可成也。夫民不心服体从，则不可以礼义之文教也（化）。君人者，不可以不察也。"这就是说，只有建立了君主的威权，才能使人民服从；只有使人民服从，才可以进行礼义的教化，所以应该法先礼后。

但是，无论在具体的措施上有怎样的不同，总的目的都是为了以这种礼法并用的两手策略来巩固封建统治。《立政》篇详细地论述了管仲学派的最高的政治理想。它说："期而致，使而往，百姓舍己以上为心者，教之所期也。"这是说，听到征召马上来到，接受使命立即前往，百姓舍弃自己的一切而服从君主的调动，这是教育所期望的效果。"未之令而为，未之使而往，上不加勉，而民自尽竭，俗之所期也。"这是说，没有下令就自动去干，没有指使就自动前往，不用上边勉励，人民就尽心竭力去做，这是树立风尚所期望的效果。"令则行，禁则止，宪之所及，俗之所被，如百体之从心，政之所期也。"这是说，有令能行，有禁能止，凡是法令所达到的和风俗所影响的地方，人民服从君主，就如同人体的各个器官受心支配一样，这是政事所期望的效果。

当然，管仲学派的这种最高的政治理想只不过是一种幻想，是永远也不能达到的。但是，从他们的政治理想中，我们可以看到，管仲学派作为刚兴起的封建制的设计者，确是提出了一种不同于儒法两家的封建制的理想图式。它的礼法并用的主张实际上是被汉以后的封建统治者所采纳了的。

（三）争取民心和注重耕战的思想。

田氏齐国是靠收买民心起家的。由于这种历史的原因，田氏齐国的封建统治者和靠宗室贵族势力起家的鲁国的三桓不同，和靠君权势力起家的秦国的孝公也不同，他们比较深刻地认识到民心的向背对于维护封建统治的重要意义。自从他们得到民众的支持建立了封建统治以后，立刻被卷入到当时大国争夺霸权的激烈斗争之中，这和鲁国这一类无霸权野心的中等封建国家也不相同，必须注重耕战以加强自己的经济实力和军事实力。管仲学派的争取民心和注重耕战的思想,就是适应于齐国封建统治者的这种需要而发展起来的。特别是争取民心的思想,在管仲学派的政治思想中,占了很重要的地位。

《霸形》篇假托桓公问管仲说:"敢问何谓其本?"管子对曰:"齐国百姓,公之本也。"《霸言》篇说:"夫霸王之所使也,以民为本。"

为什么一定要以民为本呢?《五辅》篇解释说:"古之圣王,所以取明名广誉,厚功大业,显于天下,不忘于后世,非得人者,未之尝闻。暴王之所以失国家,危社稷,覆宗庙,灭于天下,非失人者,未之尝闻。今有土之君,皆处欲安,动欲威,战欲胜,守欲固,大者欲王天下,小者欲霸诸侯,而不务得人,是以小者兵挫而地削,大者身死而国亡。故曰:人不可不务也,此天下之极也。"这实际上是奴隶制的姜氏齐国灭亡的教训,也是封建制的田氏齐国兴起的经验总结。

以民为本就是说应该推行顺民心的政策以争取民众的衷心拥护,因为"得众而不得其心,则与独行者同实"(《参患》),如果得不到民众的衷心拥护,即令拥有广大的民众,仍然如同一个独夫一样。《牧民》篇详细论述了只有争取民心才能得到民众衷心拥护的辩证关系,把它叫作"予之为取"，就是说，给予就是取得，统治者推行的政策越是能符合人民的心愿，满足人民的要求，就越是能从人民那里取得统治者所需要的东西，越是能争取到人民衷心地为统治者去赴汤蹈火，出力卖命。《牧民》篇说：

> 政之所兴，在顺民心，政之所废，在逆民心。民恶忧劳，我逸乐之；民恶贫贱，我富贵之；民恶危坠，我存安之；民恶灭绝，我生育之。能逸乐之，则民为之忧劳；能富贵之，则民为之贫贱；能存安之，则民为之危坠；能生育之，则民为之灭绝……故知予之为取者，政之宝也。

当封建地主阶级处于上升阶段的时候，他们在某种程度上有与人民的利益相一致的地方，因而有可能办一些比较能符合人民利益的事，而人民也有可能在某种程度上去支持他们。管仲学派的争取民心的主张反映了历史的这种实际情况。但是，这种争取民心的主张并不等于近代的民主主义。因为管仲学派是从维护封建统治的角度提出争取民心的，在这里，人民作为被统治的对象是确定的，因而是一种"牧民"之术，即统治的权术。《五辅》篇说："夫民必得其所欲，然后听上，听上，然后政可善为也。"《版法解》说："人心逆则人不用……不用则怨。"《国蓄》篇说："故予之在君，夺之在君，贫之在君，富之在君，故民之戴上如日月，亲君如父母。"这就是说，君主掌握了决定人民命运的无上威权，为了巩固这种威权使人民顺从地接受统治，应该重视民心向背的问题，其着眼点在于巩固君权而不是发扬民权。

虽然这种思想不等于近代的民主主义，但是无可否认，它在政治上十分重视人民群众的作用，毕竟是封建地主阶级中最富有民主性精华的政治思想。

《君臣上》篇说："夫民别而听之则愚，合而听之则圣，虽有汤武之德，复合于市人之言。是以明君顺人心，安情性，而发于众心之所聚，是以令出而不稽，刑设而不用。先王善与民为一体，与民为一体，则是以国守国，以民守民也。"这就是说，挑出一个一个的老百姓来看，并不显得聪明，甚至有点愚笨，作为整体来看的人民群众是最聪明的，所以统治者必须对人民群众的意见"合而听之"，推行符合人民心愿的政策。

《小称》篇说："丹青在山，民知而取之；美珠在渊，民知而取之。是以我有过为而民毋过命，民之观也察矣，不可遁逃以为不善。故我有善，则立誉我；我有过，则立毁我。当民之毁誉也，则莫归问于家矣。故先王畏民。"这就是说，人民群众的观察最细致，判断最公正，统治者无时无刻不处于群众的监督之下，所以不可轻视人民的智慧。

为了倾听民众的意见以改进政治，管仲学派主张设立一种名曰"啧室之议"的议政机关。《桓公问》篇说："齐桓公问管子曰：'吾念有而勿失，得而勿忘，为之有道乎？'对曰：'勿创勿作，时至而随，毋以私好恶害公正，察民所恶，以自为戒。黄帝立明台之议者，上观于贤也。尧有衢室之问者，下听于人也。舜有告善之旌，而主不蔽也。禹立谏鼓于朝，而备讯唉。汤有总街之庭，以观人诽也。武王有灵台之复，而贤者进也。此古圣帝明王所以有而勿失，得而勿忘者也。'桓公曰：'吾欲效而为之，其名云何？'对曰：'名曰啧室之议。'"

管仲学派的注重耕战的功利主义思想也是带有这种色彩的，就是说，虽然他们的功利主义思想目的在于加强国家的军事实力和经济实力以便去参加争夺霸权的斗争，但是充分肯定了人民要求满足物质利益的正当性，把发展经济以满足人民的物质利益的要求提到政治的高度来认识。所以这种功利主义不同于那种以国家为本位的功利主义，也是一种富有民主性精华的政治思想。

《形势解》篇说:"民利之则来,害之则去。民之从利也,如水之走下,于四方无择也。故欲来民者,先起其利,虽不召而民自至。设其所恶,虽召之而民不来也。"

《治国》篇说:"凡治国之道,必先富民,民富则易治也,民贫则难治也。奚以知其然也?民富则安乡重家,安乡重家则敬上畏罪,敬上畏罪则易治也;民贫则危乡轻家,危乡轻家则敢凌上犯禁,凌上犯禁则难治也。故治国常富,而乱国常贫。是以善为国者,必先富民,然后治之。"

管仲学派认为,"治国""富民"的根本途径在于实行重农抑商政策,发展农业生产,粮食生产多了,才能国富兵强。《治国》篇说:"夫富国多粟生于农,故先王贵之。凡为国之急者,必先禁末作文巧。末作文巧禁则民无所游食,民无所游食则必事农,民事农则田垦,田垦则粟多,粟多则国富。国富者兵强,兵强者战胜,战胜者地广。是以先王知众民、强兵、广地、富国之必生于粟也,故禁末作、止奇巧而利农事。"

既然农业生产是"众民、强兵、广地、富国"的基础,所以统治者不能违背农时。《君臣下》篇说:"民有三务不布,其民非其民也,民非其民,则不可以守战。"所谓"三务"是指春、夏、秋三季的农务。这是说，如果不在三季务农季节及时督促生产，那么人民就不成为他的人民了，因而也就不能用之于守战。管仲学派对那些不关心农业生产的统治者严厉警告说："有地君国而不务耕耘，寄生之君也。"(《八观》)

为了巩固封建政权，管仲学派反对统治者穷奢极欲，主张"取于民有度"，把对人民的剥削维持在一定的限度以内。《权修》篇说："地之生财有时，民之用力有倦，而人君之欲无穷。以有时与有倦，养无穷之君，而度量不生于其间，则上下相疾也。是以臣有杀其君，子有杀其父者矣。故取于民有度，用之有止，国虽小必安；取于民无度，用之不止，国虽大必危。"

管仲学派虽然重视战争，但再三向封建统治者指出战争中人力和物力的极大消耗，主张不要轻易发动战争。《参患》篇说："故一期之师，十年之蓄积殚；一战之费，累代之功尽。"意思是，用兵一次，要消耗尽十年的蓄积；一次战役，要消耗尽几代的蓄积。《八观》篇说："什一之师，什三无事，则稼亡三之一。稼亡三之一，而非有故积也，则道有捐瘠矣。什一之师，三年不解，非有余食也，则民有鬻子矣。"意思是，十分之一的人去当兵，实际上是十分之三的人不务农，这样就等于庄稼少收三分之一。如果没有积蓄，就会饿死人。如果战争三年不解除而又没有余存的粮食，人民就会卖儿卖女。

从这些说法来看，管仲学派注重耕战的功利主义思想是从争取民心出发的。管仲学派作为刚兴起的封建制的最初设计者，认真研究了统治者和人民之间在利益上的既对立又依赖的相互关系，主张统治者为了确保自己的统治地位，要时刻关怀人民，克制自己。这种思想在中国历史上产生了深远的影响。

四 管仲学派的哲学思想

（一）两个基本范畴——天道与人情。

管仲学派的哲学思想是和他们的政治思想密切结合在一起，并直接为政治思想服务的，或者说他们所探讨的领域主要是政治思想而不是哲学思想，只是在探讨政治思想时需要确立某些哲学上的前提，才谈到他们的哲学思想。因此，管仲学派没有提出一个自然哲学的体系，也没有专门讨论认识论的哲学问题。当然，这并不是说他们没有自己独创的哲学思想，只是说当我们研究他们的哲学思想时，唯有紧密联系他们的政治思想，才能更好地把握住他们的哲学思想的特征。

在管仲学派的著作中提到不少的哲学范畴，比如《七法》篇就提到了七个，这就是则、象、法、化、决塞、心术、计数。"则"是法则，"象"是现象，"法"是标准，"化"是教化，"决塞"是开放和堵塞，"心术"是心理状态，"计数"是计算。但是这些范畴都没有凝练为基本范畴，不是他们的政治思想的基本前提，成为他们政治思想基本前提的是另外两个哲学范畴，即天道与人情。

《君臣下》篇说："神圣者王，仁智者君，武勇者长，此天之道，人之情也。天道人情，通者质，宠（穷）者从，此数之因也。"这是说，神圣的人应该为王，仁智的人应该为君，武勇的人应该当长官，这是自然的规律，也是人们的心愿。根据自然的规律和人们的心愿，通达的人当君主，不通达的人做从属，这是由必然性所决定的。

《禁藏》篇说："夫为国之本，得天之时而为经，得人之心而为纪。"这是说，治理国家的根本，以掌握自然变化的规律为依据，以争取人民的拥护为关键。

《重令》篇说："地大国富，人众兵强，此霸王之本也，然而与危亡为邻矣。天道之数，人心之变。天道之数，至则反，盛则衰。人心之变，有余则骄，骄则缓怠。夫骄者，诸侯失于外，缓怠者，民乱于内。诸侯失于外，民乱于内，天道也，此危亡之时也。若夫地虽大，而不并兼，不攘夺；人虽众，不缓怠，不傲下；国虽富，不侈泰，不纵欲；兵虽强，不轻侮诸侯，动众用兵必为天下政治，此正天下之本，而霸王之主也。"这是说，地大国富，人众兵强，这本来是称王称霸的根本条件，但是如果不掌握自然发展和人心变化的规律，国家也就接近于危亡的边缘。因为自然发展的规律是，到了顶点就要走向反面，到了极盛就要走向衰落。人心变化的规律是，有了盈余就会骄傲，骄傲就会松懈怠惰。因此，只有根据"天道之数，人心之变"办事，才能防止事物向反面转化，可以霸诸侯，王天下。

从以上这些说法来看，天道与人情这两个范畴是管仲学派政治思想的基本哲学前提。他们以这两个范畴作为探讨纷纭复杂的政治现象的指导原则，提出了一系列闪耀着朴素的唯物主义和辩证法光彩的哲学思想。

《霸言》篇说："立政出令用人道，施爵禄用地道，举大事用天道。"据尹注，"政令须合人心"，人道就是指人心；"地道平而无私"，地道就是指地利；"心应天时然后可以举大事"，天道就是指天时。

《五辅》篇说："天时不祥，则有水旱；地道不宜，则有饥馑；人道不顺，则有祸乱。"这条材料把天时与地道、人道并举，足证天时和天道指的是一个意思。

《形势解》篇说："明主上不逆天，下不圹地，故天予之时，地生之财。乱主上逆天道，下绝地理，故天不予时，地不生财。故曰其功顺天者，天助之；其功逆天者，天违之。"这条材料也说明天道就是指天时，说的是自然现象变化的规律。

管仲学派肯定自然现象的变化是有规律的。《形势》篇说："天不变其常，地不易其则，春夏秋冬不更其节，古今一也。"《乘马》篇说："春秋冬夏，阴阳之推移也；时之短长，阴阳之利用也；日夜之易，阴阳之化也。然则阴阳正矣，虽不正，有余不可损，不足不可益。天也，莫之能损益也。"天道这个范畴就是对这些自然现象变化规律的总概括。

由于自然现象变化的规律不以人们的意志而转移，不因人们的喜恶而改变，所以天道也叫作公理。《形势解》篇说："行天道，出公理，则远者自亲；废天道，行私为，则子母相怨。"

正因为天道这个范畴具有公理的意思，所以统治者的政治活动也应把天道当作最高的指导原则。《形势》篇说：

"欲王天下,而失天之道,天下不可得而王也。"《形势解》篇解释说:"主有天道,以御其民,则民一心而奉其上,故能贵富而久王天下。失天之道,则民离叛而不听从,故主危而不得久王天下。故曰:欲王天下,而失天之道,天下不可得而王也。"

人情这个范畴指的就是普遍的人性,这也是管仲学派政治思想的一个重要的哲学依据。

《权修》篇说:"人情不二,故民情可得而御也。"这是说,人情没有不同的,所以可以根据共同的人情的规律来掌握驾驭人们的思想和行动。

《禁藏》篇对人情的具体内容做了论述:"凡人之情,得所欲则乐,逢所恶则忧,此贵贱之所同有也。近之不能勿欲,远之不能勿忘,人情皆然。""夫凡人之情,见利莫能勿就,见害莫能勿避。"这就是说,人情就是人类普遍具有的趋利避害的本性,就是追求物质利益的本能。《国蓄》篇也说:"夫民者亲信而死利,海内皆然。民予则喜,夺则怒,民情皆然。先王知其然,故现予之形,不现夺之理,故民爱可洽于上也。"

管仲学派的争取民心的思想就是以这种人性论为哲学前提的。

从天道与人情这两个范畴的基本含义，我们可以看出管仲学派哲学思想的一些特征。

第一，可以看出他们和儒家学派哲学思想的区别。

儒家学派哲学思想的最高范畴不是天道，而是天。天本来是宗法奴隶制宗教神学的概念，指的是有意志的天神、上帝，这个天神，上帝住在天上，所以天也有自然之天的意思。儒家学派把这个概念继承过来以建立他们的哲学体系，保留了天的有意志的属性而使之伦理化，即给天的意志涂上宗法道德的色彩。这便是儒家学派哲学思想的基本特征。管仲学派不以天为最高范畴而以天道为最高范畴，他们把天了解为自然之天，剔除了天的有意志的属性，而着重从自然现象变化发展的规律方面来探究它对人事政治的影响。这是和儒家学派不相同的。

儒家学派的人性论也涂上了浓厚的宗法伦理的色彩，他们的人性论是宗法伦理思想的哲学根据。管仲学派却不从宗法伦理的角度而从物质利害的角度去看人性，这也是和儒家学派不相同的。

荀子曾经在齐国的稷下"三为祭酒"，他的思想毫无疑问受了管仲学派很大的影响，但是他和管仲学派的区别也是很明显的。关于这个问题，当另文讨论。

第二，可以看出他们和法家学派哲学思想的区别。

商鞅没有提出什么哲学思想。韩非的哲学思想集中于《解老》《喻老》两篇文章，是以注解《老子》的形式阐述的，最高的哲学范畴是理或道理。这是和管仲学派不相同的。

关于人性的基本规定，法家学派和管仲学派的说法相同。但是法家学派却由此推论出了彻底反宗法道德的法治主义的政治结论，就是说正因为人情有好恶，所以赏罚可用，禁令可立。而管仲学派推论出的政治结论是争取民心的思想，而且由此证明了对人民进行礼义教化的必要性。这也是不相同的地方。

（二）"予之为取"的策略思想。

《牧民》篇说："故知予之为取者，政之宝也。"司马迁在概括《管子》书的思想时，也引这句话作为一条思想特征，并且解释说："故论卑而易行。俗之所欲，因而予之；俗之所否，因而去之。其为政也，善因祸而为福，转败而为功。"（《史记·管晏列传》）司马迁的概括是很准确的，"予之为取"的策略思想的确是管仲学派的思想特征。在他们的政治思想、经济思想和军事思想中，都贯穿着这种策略思想。

这种"予之为取"的策略思想，包含着对立面相互依存和转化的辩证法思想。管仲学派的这种辩证法思想来源于他们对天道与人情的深刻研究。

《形势》篇说："能予而无取者，天地之配也。"《形势解》篇解释说："天生四时，地生万财，以养万物，而无取焉。明主配天地者也，教民以时，劝之以耕织，以厚民养，而不伐其功，不私其利。故曰能予而无取者，天地之配也。"

所谓予而无取就是顺应自然的意思，自然生养万物，只给予而不索取，所以人应该效法自然。管仲学派认为，如果人不效法自然，违反自然的规律办事，事情便没有成功的可能。《势》篇说："逆节萌生，天地未形，先为之政，其事乃不成，缪受其刑。"因此，"天时不作勿为客，人事不起勿为始"，在没有客观可能性的时候，不要勉强去做不可能办到的事。但是，这并不是说反对人为，相反，管仲学派认为，在出现了客观可能性的时候，要加强努力，使之变为现实性，只有这样做成功的事情，才是牢靠的，别人不能夺走的。《势》篇说："未得天极，则隐于德。已得天极，则致其力。既成其功，顺守其从，人不能代。"

从顺应自然这一面来说，叫作"予而无取"，从顺应自然而做成功事情这一面来说，又可以叫作"予之为取"，实际上这是同一件事情的两种不同的说法。《形势》篇说："得天之道，其事若自然；失天之道，虽立不安。其道既得，莫知其为之；其功既成，莫知其释之。藏之无形，天之道也。"这意思是说，掌握了天道，事情会自然而然地办成功。违背了天道，事情虽然暂时成功也要失败。按照天道办事的人，不知道天道是怎样起作用的，事情办成功了，也不知道天道是怎样离开的。

管仲学派注意研究事物的矛盾，提出了许多对矛盾范畴。《七法》篇说："予夺也，险易也，利害也，难易也，开闭也，杀生也，谓之决塞。"这是关于人事方面的一些矛盾。"刚柔也，轻重也，大小也，实虚也，远近也，多少也，谓之计数。"这是关于事物方面的一些矛盾。管仲学派认为，"不明于决塞，而欲驱众移民，犹使水逆流"。这是说，如果不懂得处理人事方面的矛盾问题，而想驱使和调遣人民，就好像让水倒流一样，是不可能的。"不明于计数，而欲举大事，犹无舟楫而欲经于水险也。"这是说，如果不懂得处理事物方面的矛盾问题，而想举办大事，就好像没有船桨而想渡过急流险滩一样，也是不可能的。

因此，管仲学派也十分注意研究处理矛盾的方法。《霸言》篇说："是故先王有所取，有所与，有所诎，有所信，然后能用天下之权。"至于处理矛盾所依据的原则，《形势》篇的两句话做了概括的说明："持满者与天，安危者与人。"意思是，要保持盛满的人，必须顺从天道；要平定危难的人，必须顺从人情。总之，只有依据天道与人情，才能办好事情。

处理矛盾也就是顺应自然，掌握时机是第一要紧的。《势》篇说："成功之道，嬴缩为宝。毋亡天极，究数而止。事若未成，毋改其形，毋失其始，静民观时，待令而起。"这是说，成功的诀窍在于掌握时机，当行则行，当止则止。如果事情尚未做成，不要轻易改变做法，只要安静地等待时机的成熟。

处理矛盾要避免主观主义，把行动建立在切实可行的基础之上。《牧民》篇说："不为不可成，不求不可得，不处不可久，不行不可复。"这是说，不要做不能成功的事，不要追求得不到的东西，不要立足于不巩固的基础上，不要做不能重复做的事。

处理矛盾还在于谨慎地控制条件，使事物向有利的方面转化，而避免向不利的方面转化。《版法解》篇说：

> 慎观终始，审察事理。事有先易而后难者，有始不足见而终不可及者，此常利之所以不举，事之所以困者也。事之先易者，人轻行之，人轻行之，则必困难成之事。始不足见者，人轻弃之，人轻弃之，则必失不可及之功。夫数困难成之事，而时失不可及之功，衰耗之道也。是故明君审察事理，慎观终始，为必知其所成，成必知其所用，用必知其所利害。

管仲学派把这种"予之为取"的策略思想用之于军事，就是要充分掌握战争的主动权，使自己立于不败之地。《七法》篇说：

> 为兵之数，存乎聚财，而财无敌；存乎论工，而工无敌；存乎制器，而器无敌；存乎选士，而士无敌；存乎政教，而政教无敌；存乎服习，而服习无敌；存乎遍知天下，而遍知天下无敌；存乎明于机数，而明于机数无敌。故兵未出境，而无敌者八。

管仲学派把这种"予之为取"的策略思想用之于政治，就是推行顺民心的政策，以争取人民的支持。《禁藏》篇说：

> 居民于其所乐，事之于其所利，赏之于其所善，罚之于其所恶，信之于其所余财，功之于其所无诛。
>
> 故善者势利之在，而民自美安；不推而往，不引而来，不烦不扰，而民自富；如鸟之覆卵，无形无声，而唯见其成。

管仲学派认为，不论做什么事情，只要采取顺应自然的办法，都可以取得成功。《势》篇说：

> 天地之形，圣人成之。小取者小利，大取者大利，尽行之者有天下。

总起来说，管仲学派关于辩证法的思想是很丰富的，并且有着鲜明的特征。从他们重视对天道的研究来看，和道家哲学有某些相似之处。但从他们强调人为来看，和道家哲学又有显著的不同。《形势》篇说："万物之于人也，无私近也，无私远也。巧者有余，而拙者不足。其功顺天者天助之，其功逆天者天违之。"管仲学派正是为了做一个顺天的巧者以解决现实的社会政治问题，才发展了一整套以予为取的策略思想来的。

* * *

根据以上的论述,可以看出,管仲学派作为一个具有独立的思想体系的学派,是哲学史上无可置疑的事实。这个学派和鲁学派即儒家学派以及三晋学派即法家学派并列,代表着战国时期新兴地主阶级的三个不同的政治倾向。管仲学派是个中间环节,一方面因其主张保留一部分宗法制而与法家学派相区别,另一方面又因其主张采用君主集权制而与儒家学派相区别。通过对管仲学派的研究,认真比较他们和其他学派的异同关系,我们可以看到战国时期思想史所反映的社会历史内容是丰富彩、仪态万千的,远不是那种一个阶级一个主义的简单化漫画化的图景。

战国时期的名辩思潮和惠施、公孙龙等人的辩学*

---

*本文是任继愈主编《中国哲学发展史》（先秦卷）的一篇，系任继愈和孔繁、牟钟鉴、余敦康、周继旨、阎韬合撰。

一　名辩思潮的高涨和辩学的出现

战国中期以后，百家争鸣的学术界出现了一股强大的名辩思潮。这股思潮的特点是在相互辩难中注意分析名词、概念和命题，考察名实关系，探讨思维规律和方法，企图改善人的主观认识能力。专门研究上述问题的学问，在哲学史上被称为辩学或名学；以主要力量从事于这门学问的人，先秦称之为辩士，西汉以后统称为名家。辩学、名学，大体上相当于后来逻辑学的研究范围，"辩"者取其好辩、善辩，"名"者取其察名、正名。

名辩思潮的形成不是偶然的，亦非凭一家之力，它有着深刻的社会历史背景和长期酝酿发展的过程。春秋战国是奴隶制崩溃、封建制形成的过渡时期，从经济基础到上层建筑都经历着急剧的变革。随着旧的阶级关系的破裂，和新的社会力量的解放、壮大，西周以来传统的天命论和宗法等级观念在思想领域已不复占有统治地位，各种新思想、新学说如雨后春笋，层出不穷，它们从不同角度上总结以往的历史教训，探索着社会前进的道路。一方面是旧的意识形态具有保守性，还在争夺地盘，以期恢复昔日的权威；另一方面新的意识形态尚未能形成统一的思想体系，各树一帜，自是而相非，整个思想界纷纷然相争，嚣嚣然相鸣，呈现出绚丽多彩的景象。旧的名称，有的因过时而被抛弃，有的含义发生了变化和分歧；新的名称有的已被社会接受，有的各立一说，还在相持不下。于是，不同阶级、阶层和社会集团的思想家，都跑出来"正名"，各抒己见，提出种种调整名实关系的主张，以便重新统一整个社会的思想，巩固自己所代表的社会力量的地位，并为它的进一步发展开辟道路。这是名辩思潮得以产生和发展的社会根源。

考察人类早期认识史，可以看出认识过程有这样的顺序性：最早的认识对象是大自然，随后，人才开始探讨社会历史的发展规律，只有等到人的抽象思维能力和自我意识发展到一个相当的程度，才会出现这样的思想家，他们以思维为认识对象，对人的主观认识能力本身进行考察。自然、社会、思维，是一个比一个更高级的物质运动形态；认识自然、认识社会、认识思维，在难度上一个比一个大。以思维规律和思维形式为研究对象的逻辑学思想，不可能在更早的时候产生，它只能伴随着职业思想家的出现而在春秋末年诞生，并且到战国中期以后，才形成独立的辩学即逻辑学，这符合人类认识史的一般过程。

致力于察辩活动而年代最早者，当首推邓析。鲁胜在《墨辩注叙》中说："自邓析至秦时，名家者世有篇籍，率颇难知。"他将邓析列为名者始祖是有根据的。邓析的著作已失传，但其人其事在《左传》《荀子》《吕氏春秋》中都有记载，《荀子·非十二子》将他同惠施并提，足见先秦人把邓析看作是一个有影响的辩士。邓析是春秋末期郑国人，与子产同时，是个讼师。《吕氏春秋·离谓》说：

> 子产治郑，邓析务难之。与民有狱者约：大狱一衣，小狱襦裤。民之献衣襦裤而学讼者，不可胜数。

郑国铸刑书，出现了民众诉讼和以助人诉讼为职业的人，这是奴隶制度走向崩溃的明显标志；同时成文法的实施和诉讼活动的开展，必然迫使人们去研究、推敲法律条文的名词、概念、论断的含义及其适用范围。邓析将法律解释得与执法者的见解相反，据同书记载，他能做到：

> 以非为是，以是为非，是非无度，而可与不可日变。所欲胜因胜，所欲罪因罪。郑国大乱，民口谨哗。子产患之，于是杀邓析而戮之。

这里关于子产杀邓析之说不确。我们不去分析邓析与子产矛盾的社会意义，我们只是从辩学的角度指出，邓析是位辩术相当高明的辩士，他懂得法律上的概念，具有一定的灵活性、可变性，若巧妙地加以推衍，可以使它们脱离原来所表现的事物，获得相反的含义。邓析的辩术竟至具有使"郑国大乱，民口谨哗"的巨大威力，可见察辩活动随着社会关系的新变化，已形成一股不可遏止的社会风气。

孔丘有鉴于春秋末世上下易位贵贱失序，从保守主义立场出发，认为当时的"实"不符合周礼之"名"，社会的混乱由此而起。他说：

名不正则言不顺，言不顺则事不成，事不成则礼乐不兴，礼乐不兴则刑罚不中，刑罚不中则民无所措手足。（《论语·子路》）

为此，他提出"正名"的主张，即用周礼作为尺度去正名分，要求人们做到"君君、臣臣、父父、子子"（《论语·颜渊》），想把已经变化了的阶级关系，拉回到旧秩序的框子里去。孔子的"正名"思想，主要是一种社会政治伦理学说，还够不上独立的逻辑思想，但含有某种逻辑学的意义，从中透露出孔子关于概念（名）和它所代表的具体事物（实）的关系的看法，孔子以"名"为第一性，要"实"服从"名"，把"正名"看作解决社会治乱的关键，这显然是一种唯心主义的名实观。

墨翟的学说中，逻辑思想十分丰富。他是个善辩的人，善于运用类比推理和证明、反驳等逻辑方法进行辩论，处处显示出逻辑思维的力量。他提出"类"和"故"两个重要的逻辑范畴，确立了"察类""明故"的逻辑原则。墨子强调以"实"定"名"，说："瞽者不知黑白者，非以其名也，以其取也。""天下之君子不知仁者，非以其名也，亦以其取也。"（《墨子·贵义》）他对弟子因材施教，"能谈辩者谈辩,能说书者说书,能从事者从事"(《墨子·耕柱》),把谈辩作为一门专科来教学。这些都为后期墨家的逻辑学奠定了初步基础。不过墨子重在逻辑学的实际应用,还来不及建立起逻辑学的理论体系。

孟轲以好辩著称,他力辟杨、墨,又同告子、许行等学派辩论。在辩论时他好用比喻和反问,以浅喻深、由此及彼、析理入微,往往使对方无辞以对。他批评过"四辞":"诐辞知其所蔽,淫辞知其所陷,邪辞知其所离,遁辞知其所穷。"(《孟子·公孙丑上》)所谓诐辞指偏执之辞,所谓淫辞指夸张之辞,所谓邪辞指背离原则之辞,所谓遁辞指理穷躲闪之辞。孟子以"蔽""陷""离""穷"四个断语对上述逻辑错误做了一个很好的批判。孟轲也重视概念的明确性和概念的分类,但他常常用主观的方法和道德的观念来处理概念问题,他对名实关系的理解仍然限制在封建君臣上下道德关系的范围内。

总结荆楚文化传统的《老子》《庄子》的哲学与继承邹鲁文化传统的孔孟不同,它具有极强的思辨性,表现出高度的抽象思维能力。《老子》提出"道"作为哲学上最高范畴,用来概括世界的总根源和总规律,在中国哲学史上第一次使哲学从宗教的天命观中脱胎出来,获得了确定的理论形态。它还提出有无、难易、长短、高下、刚柔、进退等一系列对立的概念，用以反映事物的矛盾运动。它建立了负概念（无，无名），这是中国哲学史上的一大进步。但是它强调"无名"，忽略概念的语言形式，并主张"静观""玄览"，把理性思维活动神秘化。后期庄学在辩证思维方面更进了一步，它深刻地认识到事物运动的绝对性，和差异的相对性，在人们通常用"非此即彼"的公式思索的地方，它提出了"是亦彼也，彼亦是也"（《齐物论》）的"亦此亦彼"的公式，这对于正统观念和形而上学的思维方式是一次大破坏、大冲击。可是它看不到相对之中包含着绝对，怀疑人的认识能力，提出"辩无胜"的论点，认为概念、判断和推理是纯粹主观的产物，否认它们在形式上的相对稳定性和在内容上的真理性。《齐物论》高唱不辩是非，实际上他以不辩为大辩，是百家争鸣的一个积极参加者。

《管子》书在"正名"问题上提出"物至而名之"（《管子·心术》）的唯物主义概念论，认为"物固有形，形固有名，名当谓之圣人"（《管子·心术》），"以形务名，督言正名"（《管子·心术》），先有事物的形体，后有事物的名称，名称要与事物相符合。这种名实观与孔丘以名纠实的"正名"论是相对立的，而且它开始摆脱政治伦理的束缚，具有一般认识论和逻辑学的意义，但论述过于简略。

以上只是举其大要，说明由于学术争鸣的需要，各家都在精练自己的辩论术，用以驳斥论敌，论证己见；各家除了从别的方面来充实自己的学说之外，都在不同程度上从思维形式、思维规律和逻辑方法上找寻根据和武器，因此诸子百家学说里，或多或少都含有逻辑思想。逻辑学受到重视的情况，越到后来越为明显。所以，名辩思潮不仅仅为辩士们所推动，而且是一个包括了各家各派的普遍性的学术思潮，它是学术上百家争鸣的产物。在这个意义上，把推动名辩思潮的学者统称为名家是不恰当的，因为名辩思想不是某一学派的独占品。各家各派都使用逻辑作为工具，凡是参加察辩活动的学派，都离不开逻辑学。

战国中期以后，名辩思潮形成高峰，出现了以察辩为专长的大批辩士，他们围绕"同异""坚白""白马"等典型命题，开展有关辩学问题的讨论，此呼彼应，波澜壮阔，其中惠施、公孙龙和后期墨者三家影响最大，各形成了自己独具风格的学说和学派。在此以前，诸子的名辩思想与他们的全部学说浑然一体；这三家则不同，思维本身成为专门的研究对象，辩学开始成为一门独立的学问，并为学术界所公认。惠施和公孙龙各从不同的方面，对辩学做出了贡献，而后期墨家则集名辩思潮之大成，使辩学具有了较严密的理论体系。荀卿也有丰富的逻辑思想，但他是个大儒，他不主张有独立的名实论，而是使逻辑学的研究从属于他的政治理论。

对于战国的名辩思潮，要正确理解它的历史必然性和历史作用，不是容易的事情。先秦和两汉的著名学者，对于辩学和辩士议论不一，褒贬皆有之。阴阳家邹衍说：

> 辩者别殊类使不相害，序异端使不相乱，抒意通指，明其所谓，使人与知焉，不务相迷也。故胜者不失其所守，不胜者得其所求。若是，故辩可为也。及至烦文以相假，饰辞以相悖，巧譬以相移，引人声使不得及其意，如此，害大道。（《史记·平原君传》集解引刘向《别录》）

他肯定了辩学能使人获得明确的知识，有助于人们之间正确交流思想，但他视公孙龙之学为辩学的流弊而加以指责。《庄子·天下》说："桓团，公孙龙，辩者之徒，饰人之心，易人之意，能胜人之口，不能服人之心。"又说惠施"以反人为实而欲以胜人为名,是以与众不适也"。它承认辩者能以辞胜人,并指出辩者的特点是标新立异,与习惯之见作对。荀卿将辩学分为圣人之辩、君子之辩和小人之辩,认为"君子必辩",(以上见《荀子·非相》)从原则上肯定了辩的必要性。他不得不承认惠施等辩者"持之有故,言之成理",不可以一笔抹杀。但他站在儒家正统派立场上,指责惠施等人"不法先王,不是礼义,而好治怪说,玩琦辞。甚察而不惠,辩而无用,不可为纲纪",(以上见《荀子·非十二子》)这是一种学派的偏见,事实上"不法先王,不是礼义"并不是惠施等人的缺点,而恰恰是他们的优点。《史记》一方面说"名家,苛察缴绕,使人不得反其意,专决于名,而失人情"(《太史公自序》),另一方面又说"若夫控名责实,参伍不失,此不可不察也"(《太史公自序》)。这个评论接近邹衍的观点,比庄、荀要公道一些。《汉书·艺文志》说:

> 名家者流,盖出于礼官。古者名位不同,礼亦异数。孔子曰:"必也正名乎,名不正则言不顺,言不顺则事不成。"此其所长也。及謷者为之,则苟钩鈲析乱而已。

《汉志》把孔丘的"正名"当作名学的精华,无疑是儒家的偏见,它又说名家出于礼官,把学术的产生归为官办的结果。在诸家评论中,《汉志》的见识水平是比较低的。

上述评论中,对辩学简单给予贬斥是不对的,就是肯定性的评论,也失之笼统。除了阶级的、学派的成见以外,评论家中多数缺乏逻辑学的专门知识也是原因之一,这使得他们对于辩学的理论价值难以充分理解。

实际上,先秦的名辩思潮和惠施、公孙龙、后期墨家的辩学,就其主流来说,是一种进步的学术潮流,它冲破奴隶制沿袭下来的旧观念,迎接新兴封建制的新观念,是春秋战国时期伟大的思想解放运动和新文化运动的组成部分。逻辑思维的发达和逻辑学的诞生,不仅标志着古代人们认识能力的提高,还加强了整个学术界摆脱宗教蒙昧的理性主义倾向,促进了各学派理论体系的建立,特别是加快了哲学的概念、范畴的形成。逻辑学产生于辩论术,又运用于辩论之中,它推动了语言学的发展,浓厚了学术争鸣的空气。辩者们提出的问题大都是前人未思考过的具有相当深度的问题。通过学术争辩和探讨,他们已经在理论上解决了一些问题、提出了解决问题的方法,丰富了人们的智慧;他们没有解决的问题,为后来者的继续探索提出了任务；他们的错误观点和方法，给后人留下深刻的思维经验教训，也应视为一种宝贵的精神财富。

本篇仅就惠施、其他辩者和公孙龙的学说做一粗略分析，后期墨家的学说另有专章论述。

二 惠施的哲学和辩学

惠施约生于公元前370年，卒于公元前318年，宋国人，曾为魏惠王相多年。他曾"欲以荆齐偃兵"（《韩非子·内储说上》），反对兼并战争，主张诸侯国之间和平相处。《吕氏春秋》说"惠子之学去尊"（《爱类》），从他任魏相看，所谓"去尊"不是去诸侯之尊，而是反对秦王征服天下的独尊，"去尊"与"偃兵"是一致的。这表明惠施是为封建诸侯服务的地主阶级思想家。

惠施是位博学多才的大学者，《庄子·天下》说"惠施多方，其书五车"。他的学问不是社会伦理方面的，主要是关于自然的各种知识。南方有个叫黄缭的人，曾向惠施"问天地所以不坠不陷、风雨雷霆之故"，这是天体学、气象学上的问题，也涉及哲学上宇宙生成的问题，"惠施不辞而应，不虑而对，遍为万物说，说而不休，多而无已，犹以为寡"。(以上见《庄子·天下》)这说明惠施平时积累了丰富的自然科学知识，胸有成竹，所以不假思索地回答了黄缭的问题，滔滔不绝地对各种自然现象都做了详尽的解说。《天下》篇批评他"弱于德，强于物""散于万物而不厌""逐万物而不反"，这些批评从今天来看，都是对他的表扬，说明他注重研究自然、认识自然、具有科学精神。他的学问还有一个特点，就是"以反人为实"(《庄子·天下》)，不受传统观念的约束，敢于发表与众不同的新见解，开创精神很强。在儒家眼里，惠施的学问是怪说诡辞，就连《庄子·天下》篇也说"其道舛驳，其言也不中"，不把它列为大方之家。实际上惠施是一位自然科学家兼哲学家，是敢于破除习见的勇士，他的学说的精华正在于他不循旧说，异于诸家之学。

惠施的"万物说"失传了，只剩下十个结论性的命题，被保存在《庄子·天下》篇中，他的学说及其特色，于此可见一斑。这十个命题称为"历物十事"，都具有很强的哲理性，同时表现出辩者注重逻辑形式和思维方式的特点。其中第一条、第五条、第十条属于宇宙观方面的论断，其余七条都是关于事物对立统一性质的论断。

第一条："至大无外，谓之大一；至小无内，谓之小一。"这是关于宇宙在量的方面有否极限的论断。当时已有一些哲学家在思考宇宙有限还是无限的问题,例如《庄子·秋水》说:"又何以知毫末之足以定至细之倪?又何以知天地之足以穷至大之域?"对宇宙有限论发生怀疑,并提出"至大""至细"两个概念,用以概括宇宙在宏观和微观两个方向上的无限性质,但它没有对这两个概念的内涵做具体说明。《管子·心术》说:"道在天地之间也,其大无外,其小无内。"用"其大无外,其小无内"来形容"道"的空间性质,可是"道"既然在天地之间,就是有限的。惠施可能综合了上述思想,提出"大一"来代表宏观世界的无限性和整体性,提出"小一"来代表微观世界的无限性和整体性。他用"无外"来说明"至大",肯定宇宙是唯一的存在,宇宙之外无他物。任何有限的大,都会"有外",所以"无外"就意味着无限大。他又用"无内"来说明"至小",指出构成宇宙的最小成分是无法量度的,能量度即是"有内",所以"无内"就意味着无限小。这些都是惠施对于宇宙无限性的概念内涵所做的逻辑上的分析。关于宇宙空间无限性的问题,是人类思维碰到的一大难题,在自然科学尚处于萌芽状态的先秦时代,不可能用科学实验的手段来对它做出证明,人们凭直观和丰富的想象力对它加以描绘，但往往脱不开有限观念的束缚。惠施能够同时考察宇宙空间在宏观和微观两个相反方向上的无限性，并用"至大无外，至小无内"来定义这种无限性，这种认识在当时确实达到了人们可能达到的最高水平。惠施采取了否定判断的形式，避免了肯定判断带来的局限性，突破了常量的范围，为"无限性"这一概念选择了恰当的表述形式。

第五条："大同而与小同异，此之谓小同异；万物毕同毕异，此之谓大同异。""小同异"指各类事物种和属之间的同一与差别，属的共同性是大同，种的共同性就是小同，属与种之间这种分类系统上的同与异叫小同异，属于一般科学范围内的常识。"大同异"指整个宇宙的统一性与多样性，万物有共性，所以"毕同"；万物皆有个性，所以"毕异"。"大同异"属于哲学理论高度的概念。惠施肯定了万物之间有共性，世界万物不是彼此没有联系；还肯定了差异的普遍性，所谓"毕异"就是说没有绝对相同的两个东西，这对于人们进一步探讨物质世界的统一性和多样性是有所帮助的。不过，他讲的"大同异"，缺乏具体的规定性，是一种很空洞的抽象，可以做各种不同的解释。《庄子·齐物论》说的"凡物无成与毁，复通为一"，就是用相对主义对

"毕同"的一种解释。惠施的同异观仅从命题本身看，还不能等同于《齐物论》，但前者可以引导出后者。此外，这个命题对同与异的理解，基本上是一种外在的形式上的观点，并没有把同与异看成是内在的相互包含关系，所以还不能说它具有辩证的性质。

第十条："氾爱万物，天地一体也。"这是从"大一"的高度看世界并确定人对物的态度。在惠施眼里，天地万物彼此互相联系为一个和谐的整体，如同《吕氏春秋·有始》所说的"天地万物，一人之身也"。既然如此，人就应当无差别的去爱万物，包括爱人类。这种观点，不同于儒家的"亲亲而爱人"，而接近于墨家的"兼爱"，不过它氾爱的范围比墨家更广大，不限于人类，还及于天地万物。这个命题表现了惠施热爱大自然的胸怀，同时也是他在政治上反对战争、主张偃兵的理论根据。从哲学上讲，这一命题同《齐物论》的"天地与我并生，万物与我为一"有所不同，里面没有明显的"物我合一"的观点。当然，人们爱人群和爱山川草木是不一样的。惠施未能分清自然和社会、物与人的界限，存在着理论上的弱点。

以上三条所表现出的宇宙观和思维方法的特点是，强调事物之间的普遍联系、相互依存、和谐一致。它虽然不抹杀事物之间的差异，可是它更注重的是事物之间的同一，而且看不到差异之中就包含着矛盾。这种思想观点和认识方法显然具有很大的片面性。第二、三、六、八、九诸条，是关于空间相对性的命题；第四、七两条，是关于时间相对性的命题。这些命题，除它们本身的直接含义外，多数是作为典型例证而具有一般理论意义。

第二条："无厚不可积也，其大千里。""无厚"之辩是先秦名辩思潮中一大争论课题，最早起于邓析的"无厚"论，但今本《邓析子》系伪书，故其论不可详考。《庄子·养生主》说："彼节者有间而刀刃者无厚，以无厚入有间，恢恢乎其于游刃必有余地矣。"此处"无厚"形容刀刃之薄无以计量，尚不是名辩问题。《墨子·经上》："端，体之无厚而最前者也。"又："惟无厚，无所大。"《经说上》："次，无厚而后可。"后期墨家讲的"无厚"有双重含义——既表示极薄极微，又是几何学上无高度之称。那么"无厚"何以成为辩学中的论题呢？先秦诸子似均未予以说明。《荀子·修身》："坚白同异有厚无厚之察，非不察也，然而君子不辩止之也。"《韩非子·问辩》："坚白无厚之词章，而宪令之法息。"《吕氏春秋·君守》："坚白之察，无厚之辩，外矣。"诸子所论，皆以"无厚"同"坚白""同异"等并列为重要辩论题目,但未指出"无厚"的一般理论意义。唯有晋人鲁胜在《墨辩注叙》里为理解此问题,提供了思路,他说:"名必有分,明分莫如有无,故有无厚[1]之辨。"意思是说各种名称都有不同的适用范围,而它们之间的不同最明显地表现在有与无上;所谓"无厚"者,察其体积,可称为无;看其面积,可称为有,有与无的界限是分明的。我们参考这一论述,来分析惠施的命题,所谓"无厚不可积也,其大千里",就是说"无厚"之物在体积上表现为无(不可积),但可以在面积上表现为有(其大千里)。在几何学上,人们往往不计深度只计长度和宽度,例如计算千里之程,就不必去考虑它的深度,无深度是否就是无呢?惠施认为不是无,而是无与有的统一,因为千里之程是真实存在着的。这个命题不限于几何学的意义,它表明了人类对物质空间性质在认识上的深化。现实世界是三维空间,长、宽、高各有其不同的方向,可以分开考察,但惠施反对以其中之一代替其余两者,要在三个方向上同时兼顾,才能正确认识空间的性质。

第三条:"天与地卑,山与泽平。"这是讲高与低的相

---

[1] 原文为"无序之辨","无序"不可解,当为"无厚"之误。

对性。《荀子·不苟》中说惠施持"山渊平，天地比"之说，义同此例。天在上，地在下，山为高，泽为低，似乎早已被人们的常识习惯所接受，认为不成问题，惠施却出来说：不对，应该是天地皆卑，山泽同高。理由何在？他当初的论证已无从知晓，后来注家有三种解释：一用《齐物论》的观点来说明，成玄英说："以道观之，则山泽均平，天地一致矣。"但惠施从未言"道"，此说似不是惠施原意。二是《经典释文》引李颐的话说："以地比天，则地卑于天，若宇宙之高，则天地皆卑，山与泽平矣。"从"大一"看天地山泽，其位差可以略而不计，此说近是。三是近人冯友兰说，向远处看，天地相接；在海拔高的地方的湖泊可与在海拔低的地方的山一样高。冯友兰先生代替惠施举出特定的条件，如"向远处看""海拔高的地方""海拔低的地方"都欠妥。"向远处看"，固然天地相接，"在夜间看"浑然不见分别，岂不更可以说天地相连了吗？增加条件解释古书不是科学的方法。

惠施的这个命题说明，事物在空间高度上的差别是相对的，有差别可以转化为无差别，人的思维不应将差别看成不变的僵死的东西。

第六条："南方无穷而有穷。"这一命题的具体意义是从地理上考察南方有否尽头，其哲学意义则是指空间方位上的无限性和有限性的辩证关系。战国以前，人们地理知识很少，把南方看得辽远而无垠，以为向南走达不到尽头，故有南方无穷之说。后来渐知南方有海，当时南方之国亦有边境可寻，故出现南方有穷之说。惠施合此二说为一；就方向而言，南方不可穷尽；就中国而言，南方有其定域。这是一个完整而全面的判断，它把方位上的无限性和有限性统一起来了。这是个复合判断，它包含着两个相互矛盾的判断，这种判断形式已超出初级逻辑的范围，具有辩证思维的特征。

第八条："连环可解也。"连环无开端与终点，环环相套，似不可解。惠施却说可解，其解法已无从得知。《淮南子·人间训》说："儿说之巧于闭结无不解；非能闭结而尽解之也，不解不可解也。至乎以弗解解之者，可与及言论矣。"惠施解法，或即同此。

第九条："我知天下之中央，燕之北，越之南是也。"这一条讲方位的可变性。在国际交往极不发达的春秋战国，一般人都以为中国是世界的中央，而中原一带又是中国的中心，并以中原为坐标来确定东南西北四方，把东夷、西戎、南蛮、北狄等非华夏族居住区，皆看成荒漠边陲之地。

战国时,越是南方大国,燕是北方大国,故认为天下之中央在越北燕南。惠施出来打破这种囿于局部地理的狭隘性而把视野开放到更广阔的地区。他认为宇宙之大是"无外"的,不存在一个固定不变的中央,平时所谓中央是相对而言,越之南和燕之北都可以成为天下之中央。这一条可说明惠施认为大地无边际可言,地理方位具有相对性。也有人认为此条包含有地圆的见解,[1] 这种解释没有根据,离开了历史的条件。

第四条:"日方中方睨,物方生方死。"这一条包括两个论断,两者有异,不可等同视之。"日方中方睨"是说太阳刚正中即开始西倾。正中仅为一点,日中瞬息即过,不可计量。物体的运动既在一点上又不在一点上。所以"日方中方睨"的论断符合实际,反映了事物运动的辩证规律。假如日中不睨,就意味着太阳在某一位置上有所停留,在此时刻失去了运动,这当然是错误的。古希腊辩证法哲学家赫拉克里特曾说过:"有过去,有未来,而无现在。"平常人们所说的现在,严格地说,是由邻近即刻的过去和未

---

[1] 见胡适:《中国哲学史大纲》(卷上)第八篇第四章:"燕在北,越在南,因为地是圆的,所以无论哪一点,无论是北国之北,南国之南,都可说是中央。"

来所组成的。赫氏的说法与惠施上述论断实属同类，这个论断把人们习惯之见从理论上推翻了。"物方生方死"，这个论断就其肯定生死转化而言，不无可取之处，但其中相对主义的因素大于辩证法的因素。一物之生，需经发育、成熟的阶段方开始衰亡的过程，在生与死的中间不是瞬息，而是一个向上和向下的可以计量的发展过程，在这个过程之中，物有其质的相对稳定性，否认了这一点，如同《齐物论》所说"其分也，成也；其成也，毁也。凡物无成与毁，复通为一"，这就把万物存在的真实性给否定了。

第七条："今日适越而昔来。"这一条历来注家有不同理解。有的认为："适越之今日可以变为昔日"[冯友兰《中国哲学史新编》（第1册）]；有的认为："今日适越之一刹那迅即成为过去，故可谓昔来"（郭沫若《十批判书·名辩思潮的批判》）。这些推测都比较牵强。断定惠施持相对主义观点，抹杀今与昔的界限，这样的说法其根据是不充足的。根据惠施"遍为万物说"的特点，此论断可能有自然科学知识作为依据。西汉时的天文学、数学著作《周髀算经》说：

> 日运行处北极，北方日中，南方夜半；日在东极，东方日中，西方夜半；日在南极，南方日

中，北方夜半；日在西极，西方日中，东方夜半。

太阳运行在某一极的位置上，方向相反相距遥远的两地就会有白天黑夜之别，此地为日中，彼地则为夜半，此地为初一，彼地则可为初二，在时间会有一日的差异。《周髀算经》上距惠施不过二百余年，在惠施时可能已有这种时差的观念，因此今日适越的日子，对于远方某地的人们，已是昨天。这是结合空间的差异性来讲时间的相对性。

黑格尔在评论欧洲古代怀疑论时，曾指出他们的特征是"用尽力量以任何一种方式使感觉到的东西和思维到的东西对立起来"（《哲学史讲演录》第3卷），惠施的辩学，也具有这样的特征，他的"历物十事"，大半同人们习以为常的观点作对，把看起来确定不移的命题加以动摇，用理性的思维予以否定，提出相反的命题。这绝不是什么概念游戏，而是在显示人类思维越过现象深入事物本质的能力。现象世界往往给人以假象，感性知识也只能提供关于世界的外部特征。人们的生活经验中无疑有不少真理，应当受到尊重，可是常识经常伴随着习惯行为，它往往满足于世界的外部形态和局部的直接的感受，因此常识里也包含着许多片面的肤浅的东西。哲学和科学不应做常识的奴隶，而要比常识提高一步、前进一步，去把握事物的内在规律。从通常的观点看，高就是高，低就是低，有就是有，无就是无，有穷就是有穷，无穷就是无穷，今就是今，昔就是昔。这些几乎都是不言自明的公理。实际上它是一种形而上学的思维方式，"他们的说法是，'是就是，不是就不是；除此以外，都是鬼话'"（《马克思恩格斯选集》第3卷）。惠施的十个命题正是要破除这种为恩格斯所批评的"非此即彼"简单化的思维方式，在人们看来是界限分明、不可逾越的对立事物之间，搭上沟通彼此的桥梁，把对立面统一起来，承认矛盾是事物的客观性质。这在理论上是一大进步，它标志着人们思想上的解放，是人的认识前进中的一个里程碑。中国和外国的哲学发展史，从不同的角度，都提出过相似的哲学命题。如果把哲学史看作人类认识前进的记录，则不难看出它们中间的共同性和它们出现的必然性。当然，惠施在向形而上学思维和传统观念冲击时，也有过头的或片面的地方；但他对思维科学做出的贡献，大大超出了他所犯的错误。

三　辩者二十一事

《庄子·天下》在引述了惠施"历物十事"后，说："惠施以此为大，观于天下而晓辩者，天下之辩者相与乐之。"接着记录了辩者们提出的二十一个命题，并说："辩者以此与惠施相应，终身无穷。"这段材料说明与惠施同时有一大批辩士，专以辩察为业，他们在名辩问题上与惠施相互对答，讨论的气氛很活跃。从"二十一事"的内容看，当时的辩者按学术观点可分为两大派，一派拥护惠施的学说，又有诸多补充，另一派不赞成惠施的学说，提出许多观点相异的命题，这些命题同后来公孙龙的观点相一致。无论从逻辑的角度还是从历史的角度，把辩者二十一事放在惠施之后和公孙龙之前加以论述是恰当的。

辩者们的二十一个命题是：

（1）卵有毛。

（2）鸡三足。

（3）郢有天下。

（4）犬可以为羊。

（5）马有卵。

（6）丁子有尾。

（7）火不热。

（8）山出口。

（9）轮不辗地。

（10）目不见。

（11）指不至，物不绝。

（12）龟长于蛇。

（13）矩不方，规不可以为圆。

（14）凿不容枘。

（15）飞鸟之影未尝动也。

（16）镞矢之疾而有不行不止之时。

（17）狗非犬。

（18）黄马骊牛三。

（19）白狗黑。

（20）孤驹未尝有母。

（21）一尺之棰，日取其半，万世不竭。

这二十一个命题内容丰富，涉及的问题十分广泛，但只保留下来简单的结论，而没有论证的过程。要想把这些片断的孤立的结论的本来含义，一一确切阐发出来，既不是用现代科学概念强加给古人，也不是穿凿以求通，而要做到恰如其分，确不容易。只有把它们放到整个名辩思潮之中，与惠施、公孙龙和后期墨家的辩学做比较、对照，我们才能够对其中多数命题做出接近历史实际的分析和估计。

从问题内容上划分，二十一事可分为五组。先看第一组，包括（2）、（18）、（11）、（13）、（14）、（17）、（20）、（4）等八个命题，都是讲名实关系，属于逻辑学上概念论的范围。"（2）鸡三足""（18）黄马骊牛三"，这两条的含义只要看后来《公孙龙子·通变论》便可明白。《通变论》说："谓鸡足一，数足二，二而一，故三；谓牛羊足一，数足四，四而一，故五。牛羊足五，鸡足三。""谓鸡足"就是用语言表达关于鸡足的概念，鸡足的概念是一，实际上的鸡足是二，加在一起为三。同样，黄马骊牛的复合概念为一，数黄马骊牛为二，相加共为三。这个命题意识到事物概念的存在，但把概念对于事物的相对独立性夸大为脱离事物而客观实存的东西。"（11）指不至，物不绝"，"物不绝"原文为"至不绝"，据《列子·仲尼》校改。按照《公孙龙子·指物论》的观点，"物"指具体事物，"指"为事物的共性，共性具有不变和独立的性质，它在显现为具体事物的属性之前是自藏着，不是感觉的对象，故曰"指不至"；具体事物是可见的、长久存在的，故曰"物不绝"。这个命题在承认"物不绝"这一点上，比《指物论》的"物莫非指"

更加接近唯物论，但它的"指不至"却为公孙龙提出坚白石离，"离也者，藏也"的形而上学论点提供了思想资料。"（13）矩不方，规不可以为圆""（14）凿不围枘"，这两条讲一般与个别、概念与对象之间的差别。方和圆，在概念的抽象规定性上，具有绝对的纯粹的性质，而用矩画出的方，用规画出的圆，不可能是绝对的方和圆。关于"凿不容枘"，《考工记》上说："调其凿枘而合之。"凿为孔，枘为塞孔之木。从理论上讲，凿与枘可以相合而无缝隙；但事实上，凿与枘不能完全吻合，木材通过加工程序，其成品总有误差，所以说"凿不围枘"。概念对于事物的反映，总是概括的、不完全的，它摄取对象本质的东西，同时又舍弃非本质的偶然的东西；而具体事物却是丰富无比的，所以列宁说："任何一般只是大致地包括一切个别事物。任何个别都不能完全地包括在一般之中。"（《列宁全集》第38卷）辩者指出了一般概念同具体事物之间的差异性，但没有同时指出两者之间的一致性。"（17）狗非犬""（20）孤驹未尝有母"，这两条强调名词、概念的单一性、确定性，否认它们的多样性、变动性。狗与犬作为两个名词，在字形和读音上都不相同，但同时表达一个概念；辩者抓住一义可以多词，形成"狗非犬"的判断，当时就遭到墨者的批判。

《墨子·经下》:"知狗而自谓不知犬,过也,说在重。"墨者认为狗与犬是二名一实,叫作"重同",就是说两者作为概念有同一的内涵和外延,只是名称不同而已,说"狗非犬"是犯了使名实混乱的"过"的错误。关于名词与概念之间又一致又区别的关系,先秦的学者往往搞不清楚,使用时不懂得做细致的区分混而用之,及至发现两者有差异,又把两者割裂。"(20)孤驹未尝有母","孤驹"作为一个确定的概念,其内涵中应有"无母"之义,有母即非孤驹;但认为孤驹从来没有(未尝有)母,就是一个错误判断,它错在将概念固定化,不懂得孤驹之无母乃是失母,孤驹概念本身既有"无母"的意义,同时也包含着曾经有母的意义,孤驹是从非孤驹转化而来的。墨者对此批判道:"可无也,有之而不可去,说在尝然。"(《墨子·经下》)意思是:凡物昔有而今无者,昔有不可去。孤驹之曾经有母,作为历史事实是不容抹杀的。辩者以上命题,其基本倾向与后来公孙龙类同。第一组还有一个命题,"(4)犬可以为羊",这大约是从名称由人为的意义上说的。"犬""羊"的称呼是人确定的,倘若当初人们把犬和羊的命名相互颠倒未尝不可。但名称约定俗成之后,不能由个别人任意改变,否则会引起语言上的混乱。这一条从思维方式上说,变差别为同一，与惠施相近。

第二组包括（7）、（10）、（19）三个命题，讲物与感觉的关系和感觉能力问题。"（7）火不热"，辩者从认识论的角度上指出火本身不具有热的性质，热乃是人的主观感觉，故曰火不热。古希腊智者普罗泰戈拉有类似的说法："在一阵风吹来时，有些人冷，有些人不冷；因此对于这阵风，我们不能说它本身是冷的或是不冷的。"（黑格尔《哲学史讲演录》第 1 卷）热作为感觉，在人不在火，这是对的；但火有使人发热的客观原因——高温，否认了这一点，热的感觉便失去了根据。墨者有见于此，指出："见火谓火热也，非以火之热我有，若视日。"（《墨子·经说上》）热乃火之热，热性不能归结为人的主观感觉；人们见到太阳，太阳本身发热发光，人才有热的感觉。"热"作为一个词，有指事物客观性质和指主观感觉两重的用法，若把它简单化就会引起争论，因此，关于"火热""火不热"的讨论也有词义多样性方面的原因，哲学常常在词的定义等方面纠缠不清而引起争辩。"（10）目不见"，公孙龙在《坚白论》里说："白以目以火见，而火不见，则火与目不见而神见。"火指的光，眼睛和光都是形成视觉的要素，既然缺一不可，那么可以说独有眼睛不能见物。辩者的"目不见"，其意大约与公孙龙同。墨者则说:"智以目见,而目以火见,而火不见。"(《墨子·经说下》)墨者认为知识靠眼睛的视觉,而眼睛的视觉需要凭借光,但光只是条件,它本身无视觉作用,而眼睛的视觉能力是不能否定的,所以不是"目不见"而是"目见",这就将视觉活动的主体与视觉形成的外部条件区别清楚了。"(19)白狗黑",关于这一条的含义,诸注家似皆未得其要领[1],实则属于感觉论问题。在日光下,白狗显其白色,而在黑夜中,视白狗便如同黑狗。辩者强调主观感觉会随外在条件的改变而变化,白色与黑色可以相互转化,这是惠施一派的观点。

第三组包括(1)、(5)、(6)三个命题,是关于发生学方面的。"(1)卵有毛",司马彪说:"胎卵之生,必有毛羽。"动物在胎卵之时即含有毛羽之性,故能发育出毛羽,否则毛羽的由来即无从解释。这一条能从发展眼光看待个体发育过程,是极朴素的胚胎学。但此条太简略,也会从其中得出"预成论"的形而上学结论。"(5)马有卵",马

---

[1] 如司马彪说:"白狗黑目,亦可为黑狗。"(《经典释文》引)成玄英说:"夫名谓不实,形色皆空,欲反执情,故指白为黑也。"(《庄子疏》)胡适说:"犬羊黑白,都系人定的名字。当名约未定之时,呼犬为羊,称白为黑,都无不可。"(《中国哲学史大纲》卷上)

的胎儿在其开始发育阶段,如同鸟类之卵,所差无几。这可能是观察马的胚胎发育而做出的论断。"(6)丁子有尾",成玄英说:"楚人呼虾蟆为丁子也。"无尾之蛙是由有尾的蝌蚪发育而成的,蛙是蝌蚪的成年时期,蝌蚪是蛙的幼年时期,在这个意义上也可以说"丁子有尾"。以上三条都是从动物发育学的知识中概括出来的,形式上违背常识,事实上比常识深刻,具有发展观点。可见惠施一派辩者对生物界观察研究是细致的。

第四组包括(3)、(12)、(21)三个命题,是关于物质空间性质的问题。"(3)郢有天下",罗勉道说:"郢本侯国而称为王,是有天下之号。"联系惠施"泛爱万物,天地一体"的思想,此条似云楚君居郢而王,若能泛爱万物,则可兼有天下。以郢之小,而支配天下之大,大者反受制于小者,说明大与小是相对的。此条以郢为喻,第(6)条又使用楚语,可证辩者多系南方楚国人。"(12)龟长于蛇",诸注家之说多有牵强之处,唯汪奠基指出:"个别的龟蛇长短只是相对的差异,从而肯断'龟长于蛇',在惠施认为是可能的。"此解近是。在一般情况下,蛇长龟短;在特殊情况下,大龟长于小蛇。以此说明事物的长短只能相对而言。"(21)一尺之捶,日取其半,万世不竭",这是我国先秦时期最著名的辩证法命题之一。司马彪说:"捶,杖也。"一尺之捶是长度有限之物体,却包含着无限的成分,每日一分为二,永无分完之时。这是物体无限可分的思想,说明有限之中有无限。两千多年前的人们在探讨无限性问题上能达到如此高度,是十分难能可贵的。

第五组包括(9)、(15)、(16)三个命题是关于运动问题的。"(9)轮不辗地",马叙伦说:"此言车行之时也,方止方行,故轮竟不践地也。"运行之车轮在每一瞬间只一点着地,但此一点不可计量其长度;运行之车轮在每一瞬间又不停留在地上任何一点,故曰轮不辗地。这是对机械运动本身内在矛盾的一种天才猜测和形象表述。"(16)镞矢之疾,而有不行不止之时",这个命题肯定矛盾是物体运动固有的性质,与古希腊哲学家芝诺"飞矢不动"的论断有根本不同。芝诺看到了运动的矛盾,但认为这是不正常状态,而把不矛盾的静止看作事物存在的本质。镞矢是轻利之箭,它在离弦前进的每一瞬时都占有一定空间位置,故曰不行;但同时它又不停留在一定空间位置上,故曰不止。运动本身就是矛盾;物体在同一瞬间既在同一个地方又不在同一个地方。辩者的上述典型命题,恰好就是以朴素的复合判断形式表述出来的这种辩证的运动观。"(15)飞鸟之影未尝动也"，此命题与"飞矢不动"也根本不同，这里不是讲"飞鸟"不动，而是讲"飞鸟之影"不动，属于光学成影的问题，它得到墨者的赞同和论证。《墨子·经下》："景不徙，说在改为。"《经说下》："光至景亡，若在，尽古息。"一物体于此处遮光而成影，物体移于彼处，此处光至影无，彼处物至遮光又成新影，影非独立之物，新影亦非旧影的迁移，而是重新构成的（"改为"）。影动是现象，"改为"是本质。

还有"（8）山出口"，颇为费解[1]，兹从略。以上二十个命题中，属于惠施派观点的和属于异惠施派观点的，约各占一半。这些命题有这样几个共同点：第一，所有命题的内容都涉及自然科学知识，在性质上属于认识论和逻辑学的范围，围绕这些问题的讨论是理论性和学术性的，是在进行比较独立的科学探讨，而不是像儒者通常做的那样，把哲学、科学同政治、道德搅和在一起。第二，所有命题都是由对立的因素构成的，都在一定程度上触到了事物的

---

[1] 对于"山出口"的解释，司马彪说："呼于一山，一山皆应，是山犹有口也。"成玄英说："山本无名，山名出自人口。"近人钱基博说："即庄生所谓'山林之畏佳，大木百围之窍穴，似鼻似口'者也。"上述注说猜测性太大。如不可通，亦不必强解。

矛盾性质，并用形象化的描述方式，将种种内在矛盾揭示出来。有的强调矛盾的同一性[1]，有的强调对立面的相互排斥[2]；有的比较简单浅近[3]，有的相当复杂深刻[4]；有的含有很明显的片面性错误[5]，有的是比较全面性的辩证逻辑的判断[6]。这些都需要加以具体分析，分别做出评价，不应当斥为诡辩术[7]而简单地抹杀。从历史作用来说，辩者们的察辩活动及其成果，扩大了惠施辩学的影响，推动名辩思潮走向高峰，其中涌现的一支异于惠施观点的学派，成为公孙龙学派的先驱。

---

[1] 如"犬可以为羊""白狗黑"。

[2] 如"矩不方，规不可以为圆""凿不围枘"。

[3] 如"龟长于蛇"。

[4] 如"轮不辗地"，"飞鸟之影未尝动也"。

[5] 如"目不见""狗非犬""孤驹未尝有母"。

[6] 如"镞矢之疾而有不行不止之时""一尺之捶，日取其半，万世不竭"。

[7] 见冯友兰：《中国哲学史新编》（第1册）。冯先生认为："辩者二十一事的辩论，除去一两条以外，则都是诡辩了。"

四　公孙龙的哲学和辩学

公孙龙约生活于公元前 325 年至公元前 250 年之间,赵国人,为平原君赵胜家客卿有二十余年。《庄子·天下》曰:"桓团、公孙龙,辩者之徒。"可知公孙龙稍晚于惠施,是与惠施同时的辩者的弟子。《史记·平原君传》集解引刘向《别录》有邹衍过赵绌公孙龙的记载,可知公孙龙与邹衍活动年代相当。公孙龙要比惠施幸运,他有系统的著作《公孙龙子》六篇流传后世。[1]

关于公孙龙的生平和政治表现,《迹府》《战国策》《吕氏春秋》《淮南子》《史记》等均有记载。公孙龙是受赵国

---

[1]《汉书·艺文志》著录《公孙龙子》十四篇,《隋书经籍志》不录。清人姚际恒以此断定古本《公孙龙子》失传,今本是伪作。近人王琯、栾调甫、杜国庠等认为《隋志》所录《守白论》即《公孙龙子》,但宋以后佚亡八篇,并指明今本《公孙龙子》六篇,除首篇《迹府》为其后学辑录外,余五篇皆是公孙龙的作品。这一看法已为学术界多数人所承认。庞朴在《公孙龙子研究》(中华书局,1979年版)中进一步指出,古本《公孙龙子》与今本同,也是六篇,不是十四篇,六篇以外无余义,《汉志》所录篇数有讹误。有一点是可以肯定的,今本《公孙龙子》中的《白马论》《坚白论》《通变论》《指物论》《名实论》五篇,包括了公孙龙学派最重要的论题和论据,足以代表公孙龙的理论学说。

君臣重视的谋士，曾在邯郸解围后劝赵胜不受封地，为赵胜所采纳，又曾同赵文惠王论偃兵。他一度游燕，说燕昭王偃兵，反对诸侯之间的战争。《迹府》篇记他在辩论中引用尹文"见侮而不斗"的观点，赞赏尹文加强法治的主张，反对"王之所赏、吏之所诛也；上之所是，而法之所非也"的是非不清、赏罚不明、王者违法的现象。他的政治主张同尹文、惠施略同，也是一位地主阶级的思想家。

公孙龙的学说从辩者中一个学派演化而来，除了《庄子·天下》有"公孙龙，辩者之徒"的说法外，《韩非子·外储说左上》说："儿说，宋人，善辩者也。持'白马非马也'，服齐稷下之辩者。"儿说的"白马非马"之论，恰好就是公孙龙学说中最有代表性的论题，"龙之学，以白马为非马者也"（《迹府》）。据此，儿说的辩学很可能是公孙龙学说的直接来源。另一方面，公孙龙不修儒术，《迹府》载他同孔子六世孙孔穿做过辩论。孔穿虚伪地表示要拜龙为师，却要求龙放弃自己最根本的白马论观点，公孙龙发挥其辩者的专长，熟练运用逻辑反驳方法予以痛斥，指出孔穿"先教而后师之"，是一种自相矛盾（"悖"）的行为，又使用辩学上"援""推"等方法，用"仲尼异'楚人'于所谓'人'"，来论证"白马非马"应为儒者所接受。

公孙龙以"白马非马"和"坚白石离"两大论题而自成一家、闻名于世。正像黑格尔所指出的:"古代的哲学家喜欢使思想上的困难穿上一层感官表象的外衣。"(《哲学史讲演录》第 1 卷)公孙龙也一样,他是从分析典型的形象化的命题入手,来揭露种种思维中的矛盾,展开自己的理论体系的。我们论述公孙龙的学说也应当从《白马论》和《坚白论》开始。《通变论》《指物论》《名实论》,则是从不同角度在理论上做进一步的分析和综合,总结出普遍性的原则。所以对这三篇的论述可放在后面。

《白马论》的中心论题是"白马非马",这是当时名辩思潮中得到广泛讨论的一个问题,《战国策·赵策》引苏秦的话说:"夫刑名之家,皆曰'白马非马'也。"而对这一论题留下系统论证的,只有公孙龙一家。

按一般常识,"白马是马"应无疑义,而公孙龙偏说"白马非马",他是从逻辑学的角度上来研究问题的。他的论证共有五层,层层深入,间有转折。第一层论证:

> 马者,所以命形也;白者,所以命色也。命色者非命形也。故曰白马非马。

此处的"马"和"白"都指马的概念和白的概念,并非指对象本身。这里公孙龙指出"马"与"白"两个概念在内涵上不同,"马"只含有形体的规定性,而"白马"又包含有颜色(白)的规定性,所以"白马"的概念不是"马"的概念。

第二层论证:

> 求马,黄、黑马皆可致;求白马,黄、黑马不可致。

这是从概念的外延上对"白马"与"马"加以区别。"马"的外延广,既包括白马,也包括黄马、黑马等;"白马"的外延狭,它与黄马、黑马的外延互相排斥,所以"白马"不等于"马"。这就揭示了属概念和种概念在外延上的差异。

第三层论证:问者从常识出发提出责难,若白马非马,则黄、黑等一切有色之马皆为非马,而天下无无色之马,如此,不就得出"天下无马"的荒谬结论来了么?公孙龙回答说:

马固有色,故有白马。使马无色,有马如已耳,安取白马?故白马者非马也。白马者,马与白也。马与白,马也?故曰白马非马也。

公孙龙承认现实的马都有颜色,可是"马"作为一种抽象的属性可以独立自存——"有马如已耳",它同作为另一种抽象属性的"白"不同,而白马是由马和白两种属性结合成的,把两种属性相结合的物,等同于它的一种抽象属性是不可以的,故曰白马非马。这里是讲物与属性的差别,已具有了《指物论》的观点。

第四层论证使用了逻辑上的反证法,即指出"白马非马"的反命题"有白马为有马"在逻辑上不能成立。公孙龙先提出白马非黄马的论断,使问方易于接受下来,然后他做出推理:既然白马非黄马,那么黄马则非马,因为如黄马等于马,白马也等于马,势必得出白马是黄马的论断,而这与"白马非黄马"相矛盾,故黄马非马。"以黄马为非马,而以白马为有马"便是自相矛盾,是"悖言乱辞",造成逻辑混乱。

第五层论证:

客问曰:有白马不可谓无马者,离白之谓也;

> 不离白者，有白马不可谓有马也。故所以为有马者，独以马为有马耳，非有白马为有马。故其为有马也，不可以谓马马也。

有人将这一段划归主答是不对的，客方发现主方处处抓住属概念和种概念在内涵、外延上的差异来立论，便说明两者之间也有一致的地方，指出主张"有白马为有马"，并非将"白马"与"马"等同，而是在"白马"中暂时撇开白色这个相异的因素，取其"马"这个两者相同的因素，这就是"离白之谓"。不剔除白色，有白马当然不等于有马（"不离白者，有白马不可谓有马也"）。换句话说，有白马即为有马，只是因为白马也具有马的性质，并不是把有白马等同于有马（"故所以为有马者，独以马为有马耳，非有白马为有马"），如果白马等于马，白马里又包含着马，白马岂不成为"马马"了吗？这当然是说不通的。面对这一节高水平的客问，公孙龙已不能用重复属、种概念的差异性来答复了，于是他提出更带根本性的论点：

> 白者不定所白，忘之而可也。白马者，言白定所白也，定所白者非白也。

他认为"白"有两种,一种是"不定所白"之白,即"白"的属性一般,它不固定在某种物体上;另一种是"定所白"之白,即表现为某种物体的白颜色。白作为一种抽象属性可以暂时忘却,但白马中具体的白色,已同马结合在一起,形成一个整体,不能再将其中的白色分离出来了,这显然是针对客问的"离白"说而发的。白马作为一个整体不再含有其部分,所以白马非马。这就是《通变论》"二无一"的思想。总之,《白马论》已具有《通变论》和《指物论》的初步思想,但未能展开。

《白马论》的辩学对于我国古代逻辑学的贡献在于:(1)它第一次比较自觉地把概念作为研究对象,从内涵和外延上分别进行逻辑分析,使得人们对于概念在质和量两个方面的规定性,有了更深刻的认识。(2)概念之间有多种关系,《白马论》着重研究了其中的种属关系,指出属概念和种概念在内涵上有简繁之别,在外延上有广狭之异,为探讨概念的关系和分类,提供了有益的启示。(3)它以否定判断的形式揭示了个别和一般之间的对立。"白马非马"是一个最简单、最普通、最常见的命题,其中却包含着使思想家们感到头痛的个别和一般的关系问题。公孙龙把这一问题明确提出来,这本身就意味着思维能力的提高。同时他对于个别与一般之间的差异，有深刻的认识。（4）从判断的主词与宾词的关系来说，《白马论》认为两者若不相等，判断的系词便不能用"是"的肯定形式。这个看法有片面性，但不能全予否定，因为判断若是定义，主词与宾词所表达的概念在外延上必须相等。一般的定义是属加种差，而"白马是马"只揭露了白马的一般属性，并没有揭示白马自身的特殊性，所以按定义要求，这个判断便不适用，《白马论》在这一点上是有所见的。

当然《白马论》的错误也显而易见，它在强调个别与一般、属概念与种概念的差别时，否定两者之间的一致性，把差异与同一对立起来，并认为一般可以脱离个别而存在。恩格斯曾指出：

> 同一性自身包含着差异性，这一事实在每一个命题中都表现出来，在这里述语是必须和主语不同的。百合花是一种植物，玫瑰花是红的，这里不论是在主语中或是在述语中，总有点什么东西是述语或主语所包括不了的。（《马克思恩格斯选集》第 3 卷）

当我们说"白马是马"的时候,既指明了白马属于马类这个个别与一般的同一性,同时又包含着白马不等于马这个个别与一般的差异性,所以它是一个辩证的判断。在一定意义上宾词要重复主词,主词就是宾词;在另一个意义上宾词不等同主词,宾词又必须提出某种不同于主词的东西,否则会陷于同语反复。《白马论》不懂得这一点,所以它要取消"白马是马"这个正确的命题。

《坚白论》的中心论题是:坚白石相离而自藏。这个论题在理论上是讨论物体和属性之间,以及属性和属性之间的相互关系问题。一块坚白石放在面前,人们在感觉上通常认为此石既坚且白,坚性与白性同时寓于石体之中;公孙龙说不然,坚与白在本质上是互相分离而不是互相结合的,理由是:

> 视不得其所坚而得其所白者,无坚也;拊不得其所白而得其所坚者,无白也。

视觉只能看到是块白石,触觉只能感到是块坚石,这是两种在质上不同的印象,人们的感官无法证明坚与白之间存在着不可分离的联系。公孙龙在这里用了感觉分析方法，抓住感官的局限性来否定事物各属性之间的内在联系，给人们出了个难题。人们单凭感觉，确实不能把握事物属性的相互关系。关于这个问题，恩格斯说：

> 说明这些只有不同的感官才能接受的不同属性，确立它们之间的内在联系，这恰好是科学的任务，而科学直到今天并不抱怨我们有五个特殊的感官而没有一个总的感官，或者抱怨我们不能看到或听到滋味和气味。(《马克思恩格斯选集》第3卷)

事物的本质或内部联系虽然感觉不到，却能为理性思维所把握。公孙龙使用理性去与感性作对，而理性本来应当帮助感性去克服困难。

《坚白论》在主张坚与白分离的基础上进一步认为坚与白独立于石而自藏，反对坚白石相盈，"有自藏也，非藏而藏也"。这就是说属性可以脱离物体而单独存在。它的理由是：

> 物白焉，不定其所白；物坚焉，不定其所坚。不定者兼，恶乎其石也？

某物是白色的,这个白色并不限定在它所白的此物上;某物是坚的,这个坚性也并不限定在它所坚的此物上,白性与坚性可以为万物所兼有,怎么能说它们仅仅为这块石头所独有呢?再进一步,《坚白论》提出,坚与白在成为万物具体的坚、白之前,它们本身就已存在:

坚未与石为坚而物兼,未与物[1]为坚,而坚必坚。其不坚石、物而坚,天下未有若坚,而坚藏。

这个独立的坚性本身在现实世界上是找不到的,那就是它自己藏起来了。公孙龙的逻辑是:坚性本来就存在,白性本来就存在,假如它们没有自性,又怎能使物体具有自己那样的性质呢?所以他又说:"白固不能自白,恶能白石物乎?若白者必白,则不白物而白焉。黄、黑与之然。"这样,不仅坚与白相离,坚、白与石三者本来都相离而自存,推而广之,天下万物,它们的各种属性都相离而自存,公孙龙认为这是世界本来的正常状态:"离也者,天下固

---

[1] 原文无"物"字,据谭戒甫校补。

（据伍非百校）独而正。"《坚白论》认为事物属性本身是抽象之物，它所谓的"自藏"，用今天的哲学术语来说，就是"潜在"，存在着，但没有表现出来。这些抽象属性既非感觉的对象，亦非理智所能把握："且犹白以目以火见，而火不见；则火与目不见而神见；神不见而见离。"这样，所谓坚、白等属性本身就成为超自然的不可知的神秘之物了。

《坚白论》对于事物的共性有所认识。共性是若干个别事物的属性中彼此相同的东西，它把单个事物联系成为类。人的思维能够摆脱感性的外衣，从许多个别事物的多种个性中，概括出它们的共性，引申出一般性的东西，这是思维能力的一大进步。经验论者就不懂得共性和一般，他们在研究本质的一般的规律时，还把自己局限在感性认识领域。公孙龙能够认识到共性和一般的东西，虽然感觉不到，却真实存在着，而且与具体的个别事物相比较，具有稳定的性质，不受个别的偶然的因素的局限和影响，这是合理的。列宁曾指出："非本质的东西，假象的东西，表面的东西常常消失，不像'本质'那样'扎实'，那样'稳固'。"（《列宁全集》第 38 卷）而科学研究，就是要在现象背后发现本质，在个别中揭示出一般。

《坚白论》有几个根本性错误。（1）它夸大了共性和一般的相对独立性，使共性脱离了个性，一般脱离了个别，认为它们能完全独立自存，不懂得共性寓于个性之中、一般只能在个别中存在、只能通过个别而存在。（2）它把共性、一般凝固化、绝对化，使之成为僵死的概念，不了解在它们的稳定性中包含着可变性，在它们的同一性中包含着差异性，不懂得共性、一般要容纳个性、个别的多样性，并随着后者的改变而变化。（3）它以感官局限性为由，否认事物各种属性之间客观存在的内部联系，并怀疑整个人的认识掌握这种联系的能力。这些错误使得公孙龙的学说带有明显的唯心论和形而上学的特征。

如果说《白马论》和《坚白论》是从静态角度对事物性质做逻辑分析，那么《通变论》则是从动态角度对事物性质做逻辑分析，具体地说就是考察统一体能否分解为两部分、对立面能否结合成统一体的问题。《通变论》首先提出"二无一""二无右""二无左"几个命题。"二"指两个要素形成的复合体，这种复合体又分为两类，一类是两个要素紧密结合而成的统一体，原来的两要素皆称为"一"；另一类是两个要素拼凑而成的混合体，原来的两要素各称为"右"与"左"。"二无一"是指结合而成的统一体中不再包含独立的原有要素，"白马非马""白马非白"即是其例。"二无右""二无左"是指拼凑而成的混合体中，也不再含有独立的原有成分，因为它们已是新的混合体的一部分，文中所举的"羊合牛"，"青合白"即属此类。部分不等于全体，所以右不可谓二，左也不可谓二；但两个部分相加则等于全体，如羊加牛等于"羊合牛"，青加白等于"青合白"。从两种各自独立的不同要素，到形成一个混合体，是不是一种变化呢？公孙龙认为是变化。"右有与"是说当右与左为邻时，原来独立的右的概念，如今成了混合体中的右，失去了它的独立性，所以是变，但"右"本身的规定性却保持不变，故仍可称为右。《通变论》列举了两物相混的几个例子。第一个例子是"羊合牛非马，牛合羊非鸡"。牛和羊不同，但牛羊皆有角、毛尾而马全无，这是"类之不同"，所以"羊合牛非马也"。不同的两物相加绝不会成为另一类型的第三者，只能成为一个混合体，即"羊牛二"。牛合羊不能成为马，更不能成为鸡，因为牛羊与鸡的毛羽不同，足数不同，其差别比牛羊同马的差别更大，否则即是"狂举"。第二个例子是"青以白非黄，白以青非碧"。当时的五行学说认为，青是木之色，方位在东，白为金之色，方位在西，黄是正色，碧是杂色。《通变论》说青色混入白色不能成为黄色，白色混入青色也不能成为碧色，因为青、白两色"不相邻"而相"反对",硬要混在一起,既不能整个变为青色,也不能整个变为白色,怎么能变成纯正的黄色呢?按照五行相克的说法,应该是金克木、白克青,但事实上当青混入白之后却造成木贼金,白不能胜青,白、青两色不能彼此协调,各保持自己本来鲜艳的色泽而互相对立,形成青不青、黄不黄的杂色,这是一种反常现象。第三个例子是"暴则君臣争而两明也"。"暴"与"类"相对待,"暴"相争也,"类"相并也。《通变论》认为国家政权也是一个混合体,君臣相处要君尊臣从、各在其位,如果君臣互相争斗各自显示力量,就会引起政治昏暗、大道沦丧,国家就要垮台。

《通变论》分析了两物相合的种种复杂情况,指出有的能融为一体,有的只能混而不化,有的互相对立,甚至引起争斗,这些见解之中不无可取之处,但《通变论》中形而上学的观点是占主导地位的。它认为部分一旦形成整体便不再有部分,不能再行分解,把整体理解成单一不变的概念,把整体与部分完全对立起来。它企图举例证明,在多数情况下,对立物不能结合成有机整体,认为对立物的结合,往往引起两物之间的相互排斥和争斗,而这不是值得欢迎的。这说明《通变论》害怕矛盾,追求平静,以彼此和谐一致为事物的理想状态。但有一点要指出，《通变论》提出了"二"和"一"这一对相互对立的哲学范畴，使后来关于矛盾统一体及矛盾对立面的概念，有了概括而简洁的表述形式，后世所用的"一分为二""合二而一"等哲学用语，大约与此有关。

《指物论》是公孙龙的物性观，它用"指""物指""物"这三个高度抽象的范畴来回答"万物的本质是什么"这样一个根本性的哲学问题。为了理解《指物论》，先要弄清何谓"物"和"指"。"物"即万物之物，这与人们常识所谓"物"并无不同。"指"是什么？历来无定诂，弄清"指"的确切含义，对于把握全篇宗旨具有关键意义。"指"最早起于以手指指物而谓之的动作，后来经过演化，又表示物的属性，公孙龙的"指"即为后者。他认为属性分为抽象属性和具体属性两种，所以他使用的"指"便有双重含义，有时表示独立于物体之外的属性一般，如白性、坚性等，有时表示具体事物的属性，如白马之白，坚白石之坚，后者有的地方也称为"物指"，意即"定于物"的指。同一个"指"字，两种含义交替使用，使《指物论》读起来感到一定困难，若能细加区分，遇到的困难便会迎刃而解了。

《指物论》的基本思想是：（1）"物莫非指"，万物没有不是属性的,或者说物等于它各种属性的总和,这就是公孙龙对"物"的本质所下的定义。例如"马"这个东西,就是一定的形体、颜色、性情等的组合,"石头"这个东西,就是一定的颜色、硬度、形状等的组合。假如没有了这些属性,也就不存在可以称之为物的东西:"天下无指,物无可以谓物。"《指物论》认为"物"和"物指"是一回事。(2)"而指非指",定于物的属性不等于不定于物的属性自身。"天下无指者,物不可谓无指也",这一句前一个"指"是属性自身,是抽象的指,后一个"指"是物指,是具体的指。(3)"指也者,天下之所无也;物也者,天下之所有也。""指"作为某种属性的抽象规定性不能被感知,它潜藏着,所以说"天下之所无",而物则是实实在在可以感觉得到的,所以是"天下之所有"。指是抽象的,是无;物是具体的,是有,在这个意义上物与指不同,故"物不可谓指"。(4)"指者天下之所兼。"抽象的属性能够转变为具体的物指,从而为万物所兼有。例如"白色"可以表现为白马之白、白石之白、白雪之白等,这是指自身固有的本领,并不需要凭借物才能形成物指,因为物指也就是物:"指固自为非指,奚待于物而乃与为指?"(5)"使天下无物指,谁径谓非指?天下无物,谁径谓指?天下有指无物指,谁径谓非指、径谓无物非指？"指虽然高于物和物指，可指也离不开物和物指，因为没有了物和物指，也便没有了人，还有谁会来说明指与物的同与异呢？归纳以上五点：第一点讲物就是指，第二点讲指不是物指，第三点讲物不是指，第四点讲指决定物，第五点讲指离不开物。

《指物论》涉及两对哲学范畴，一是事物与属性的关系，二是个别与一般的关系。《指物论》指出事物表现为属性，世界上没有无属性的事物，这是对的。可是它把事物归结为属性的总和，这却是倒因为果了。任何属性乃是事物的属性，没有也不可能有脱离事物的属性。事物是一种客观实在，它的性质由其内在矛盾所决定。物体的形状、颜色、硬度等属性，都是该物体内在要素的外在表现。属性相对于事物来说，是第二位的。倘若把事物归结为各种属性相加的结果，会导致否定事物有自己固有的本质，进而否定物的客观实在性。后来佛教哲学把万物看成因缘和合而成，就是用的这种手法。关于个别和一般的关系，《指物论》说的物指是个别，指是一般，它强调一般高于个别并且决定个别，割裂了两者之间的辩证关系，把在《白马论》和《坚白论》中就已经出现的重一般轻个别的错误倾向，又向前发展了一步。它把物质世界归结为属性，又把具体属性归结为抽象的不变的属性。实际上这些抽象的不变的属性不过是客观化了的存在于人的头脑中的空洞概念。所谓"指固自为非指",就是认为世界万物都是由一系列属性的一般概念中演化出来的,这就陷入了客观唯心主义泥坑。

《名实论》讲概念与事物的关系和正名问题,它从概念论的角度,对前四论中的逻辑思想做了一个总结。它首先提出"物""实""位""正"四个概念,规定了它们的含义。(1)物:"天地与其所产焉,物也。"物即指宇宙间一切事物,在这里没有上帝鬼神的位置。(2)实:"物以物其所物而不过焉,实也。"实是使该物成为该物而不成为他物的东西,就是指每一事物的本质属性或叫作质的规定性,超越了质的规定性,叫作"过",该物之实就要发生变化。(3)位:"实以实其所实而不旷焉,位也。"位就是物的本质在它所应有的范围内得到充分表现,没有欠缺。(4)正:"位其所位焉,正也。"事物处在它本来所在的地位上叫"正"。这四个基本概念构成这样一个世界图式:万物都有自己固定的本质,彼此各不相同、界限分明。如有本质不清、变化过渡、彼此混杂的情况,那就是"过""旷""不正"的反常现象,应予纠正。在这种多元的和不变的世界观支配下，公孙龙提出了自己的"正名"主张："其正者，正其所实也；正其所实者，正其名也。""正其所实"，就是对一物的称谓要能够使该物的本质得到准确的表达，使名与实相当，这就是正名。根据这一原则，正名的具体要求是"唯乎其彼此"，做到"彼彼止于彼，此此止于此"，用"彼"来称呼那个东西，只能限定在那个东西上，用"此"来称呼这个东西，只能限定在这个东西上。若"谓彼而彼不唯乎彼""谓此而此不唯乎此"，那么"彼"和"此"的称呼便不能使用，因为名与实不相当。"彼此而彼且此，此彼而此且彼，不可。"用彼来称呼此使得彼也是此，或用此来称呼彼使得此也是彼，这是绝不允许的。遇到与实不符、含义已经改变的名，就要舍弃不用，以免发生误解。总之，一个事物只能有一个与之相应的名称，一个名称只能有一个与之相当的事物，名与实之间不许可有毫爽差异。例如对于白马，不能呼之以"马"，只能呼之以"白马"，才算符合公孙龙正名的要求。《白马论》《坚白论》是"假物取譬"，《通变论》《指物论》是析言剖辞，究其根本目的都是为了正名："审其名实，慎其所谓"（《名实论》），"欲推是辩，以正名实，而化天下焉"（《迹府》）。通过在名实问题上的拨乱反正，达到稳定和巩固封建社会制度的目的。

《名实论》在概念问题上主要阐述了初级思维规律中的同一律：A=A。概念的含义要确定、一贯，不能含混游移，不能亦此亦彼，在这一点上，它是对的。可是它用形而上学的观点来对待同一律，把概念看成孤立的、僵硬的、一成不变的东西，不承认概念自身的矛盾和多样性，不承认概念之间的联系和转化，它所理解的同一性，是一种极空洞的抽象同一性，这种同一性在实际上并不存在。万物处在普遍联系之中，事物的本质属性由其内在矛盾和与他物的关系所决定，所以一物会向他物过渡转化。与此相适应，概念之间是互相联系着的，概念自身包含着差别和矛盾，概念既有相对的稳定性，又处在运动变化之中，所以真实的同一性是具体的、是容纳着对立的多样性的总和。《名实论》并不是没有看到事物的矛盾和变化，所谓的"过""旷"，就是事物变动性的表现；它也不是没有看到名与实之间的不一致，所谓"不正"，所谓"此之非此""此之不在此"就是两者不一致的表现；它的错误在于认定矛盾和运动是坏事，要通过"正名"来纠正和排除矛盾和运动，把多元化的无矛盾无变化的状态看成世界本来固有的本性和理想的目标。

在分别对公孙龙五篇论文做了分析评价之后，我们要

对公孙龙学说有几点总的评价:

第一,公孙龙是否属于"离"派?学术界有一种很流行的看法,认为惠施"合同异",是"合"派,公孙龙"离坚白",是"离"派。[1]这种说法有一定道理,惠施确实注重"合""同",而公孙龙则注重"离""异"。可是"合"派、"离"派的提法也有片面性,容易被人误解为惠施只讲"合",公孙龙只讲"离"。其实惠施也讲"离""异",公孙龙也讲"合""同",只是讲法不同而已。查《庄子·秋水》,提到"合同异、离坚白"的原文是:

> 公孙龙问于魏牟曰:"龙少学先王之道,长而明仁义之行;合同异,离坚白;然不然,可不可;困百家之知,穷众口之辩。"

且不说此段是否是历史实录,它至少可以代表庄子学派对公孙龙学说的看法,所谓"合同异、离坚白"完全是指公孙龙而言,并不干惠施之事。这就提出一个问题,公孙龙既然要离坚白,为什么又合同异呢?还有,《淮南

---

[1] 见冯友兰:《中国哲学史新编》(第1册)。

子·齐俗训》说:"公孙龙析辨抗辞,别异同,离坚白。"这里又说公孙龙"别异同",那么"合同异"与"别异同"是不是互相矛盾?还是其中一家的论述或行文有错误?实际上两者并不矛盾,两家都没有错,因为公孙龙既讲"离"又讲"合",两者在公孙龙学说中是互为条件,不可分割的。不错,公孙龙是主张"离坚白",可是他又讲"二无一",认为整体一旦合成便不可分割,这就是"合"。例如白马只能是白马,马只能是马,自身绝对的同一。白马绝对不能再分解为白和马,这是"同";白马与马绝对不同,这是"异";将白马是白马、马是马,同白马非马、马非白马结合起来看,就是"合同异",正因为白马只能是白马,白马才不是马,两者互为条件。既然白马作为一个整体不可分割,那么为什么坚白石又能够相离自藏呢?这也不矛盾。原来公孙龙把"合"只用在具体事物上,而把"离"只用在抽象的属性上。按照《白马论》和《通变论》的观点,坚白石作为一块具体的石头,同样是不可分割的整体,所谓"坚白石离"是指坚性、白性和石性三种抽象的规定性是互相分离的,换句话说,"物指"不可离,而"指"是分离自存的。《坚白论》中说的"不定所白"之白,"不定所坚"之坚,就是指白性自身、坚性自身,它们各有自性,可以独立于物而存在。只有做这样的分析，才能把《白马论》《通变论》《指物论》《坚白论》按照公孙龙的逻辑统一起来，不致使它们分家。还有，《名实论》与前四论在合与异、同与异的问题上也是一致的。由于具体事物自身同一，不分解不变化，所以彼此之间才互相分离，不转化，不过渡。就一物内部各属性之间而言，是"合"；就一物与它物之间而言，是"离"；一物自身的同一是绝对的，一物与他物的差异也是绝对的。可见，公孙龙的同异观和离合观的特点，并不是只讲异讲离，不讲同讲合，而是把同与异、离与合看成外在的相互依存的关系。

第二，公孙龙的辩学是否是诡辞？在人们中有一种误解，一提到公孙龙，就认为他是通常意义上的诡辩家，一提到"白马非马"，就认为是通常意义上的诡辩论。[1] 以这样的眼光来看待公孙龙是极不公平的。首先，公孙龙的辩学同反动阶级玩弄的政治诡辩术，以及有意识地为某种谬

---

[1] 如郭沫若在《十批判书·名辩思潮的批判》中说："公孙龙的诡辞差不多全部是观念游戏……公孙龙是位帮闲者……他一生做着上层的食客，在战国中叶以后，地主政权已经趋于巩固的阶段，他在这时候，在上层的卵翼之下提出他的一些诡辞来，当然不能认为是前进态度的烟幕，而是应该认为反动言论的掩饰的。"

论强做辩解,有根本的不同;公孙龙之学是学术性的理论研究,是在探索真理,而后者则纯粹是在进行欺骗和狡辩,与真理背道而驰。

其次,公孙龙的辩学也不是毫无意义的概念游戏。他把辩学作为一门学问对待,态度严肃认真,理论上有相当深度。他自设宾主,层层问难,层层答辩,步步深入,反复论证,提出和分析了哲学上和逻辑学上一系列重要范畴,很多都是前人乃至同时代人未曾思考过的新鲜东西。从今天的眼光看,这些成果似不足奇,可在当时却是高水平的学问。列宁说:

> 判断历史的功绩,不是根据历史活动家没有提供现代所要求的东西,而是根据他们比他们的前辈提供了新的东西。(《列宁全集》第 2 卷)

公孙龙为了纠正惠施学派过分强调转化而忽略差异的缺点,在许多地方矫枉过正,走到否认转化、将差异固定化的极端。在有些问题上,他犯了唯心论的错误。可是应当看到,他在事物与属性的关系问题上,在个别与一般的关系问题上,在概念、判断等思维形式的性质问题上,他都触及事物的矛盾运动，并有自己独到的见解。尤其是个别与一般的关系问题，是哲学史上的一大难题。列宁曾指出，古希腊博学的哲学家亚里士多德"就是弄不清一般和个别、概念和感觉、本质和现象等的辩证法"（《列宁全集》第38卷）。公孙龙虽然也没有真正弄清这些问题，但他在这方面有所发现就是不容易的了。我们应当承认他是个深思熟虑的哲学家，他思考过的问题和他思考问题的方法，足以启人智慧、发人深省，这就很够了。

还要指出，公孙龙是先秦少数几位把哲学、逻辑学从宗教及道德说教的羁绊中解脱出来的学者之一。逻辑学的发展，固然不能离开社会生活实践，但它应有相对的自主性，假如它总是被政治和道德所吞没，便不会形成独立的科学体系，它的发展就会受到窒息。公孙龙把逻辑问题从其他学科中分化出来，作为独立的对象加以研究，这是他的功绩。公孙龙从不满足于对事物的常识见解，要再做一番逻辑分析，以证明其有无真理性。感性经验只能了解现象，只有理性的头脑才能把握本质和规律。理论思维是否发达，是一个民族科学精神强弱的重要标志，如黑格尔所说：

一个民族会进入一个时代,在这时精神指向着普遍的对象,用普遍的理智概念去理解自然事物,譬如说,去要求认识事物的原因。于是我们可以说,这个民族开始做哲学思考了。(《哲学史讲演录》第1卷)

当然,公孙龙在发挥逻辑分析的威力时,没有随时用事实验证理论,因此误入歧途。后期墨家对他和惠施的若干论断进行过尖锐批判,并依据对事实的全面了解,纠正了施、龙两家的片面性,综合了两家辩学之长,然后才形成了较为科学的逻辑理论。人们往往只看到墨者对公孙龙的批判,而忽略了墨者对公孙龙的继承,这是不全面的。墨者对于公孙龙关于名实要相当的思想,关于概念内涵外延的区分,关于判断主宾词周延与否的问题,关于科学分类问题,关于感觉的局限性问题,关于"援""推"等逻辑反驳的方法等,都有所肯定和吸收。可以说,没有惠施、公孙龙的辩学,便没有后期墨家的逻辑学。从惠施到公孙龙再到后期墨家,是人的认识掌握一片面真理到掌握另一片面真理再到掌握较为全面真理的辩证发展过程,其中每一家都是认识过程必不可少的环节。

第三，公孙龙的哲学和辩学是否是为没落奴隶主阶级服务的？答曰：不是。公孙龙之学是当时封建地主阶级诸多学术中的一种。理由有三。首先，公孙龙长期作为平原君的客卿，受到赵国君臣的厚待，而赵国已是封建化了的国家。假若公孙龙的学说与地主阶级利益正相反对，他便不会得到封建统治者如此重用。其次，公孙龙的哲学和辩学，特点是多元主义，强调差别的不变性和"一般"的完美性。有人说，公孙龙反对变动，要巩固现状，所以是倒退的、反动的。[1]这个推断的前提正确，结论则错误，因为它离开了时代条件的变化。巩固现状未必反动。战国后期已不同于春秋末年，当时各国普遍过渡到封建社会，需要使新的社会制度巩固和稳定下来，这是进步而不是倒退。公孙龙强调"一般"，其社会意义是巩固封建社会制度和封建等级名分，具体地说，主要是为了加强赵国的政权。《通变论》里强调君臣要各在其位，是指封建国家的君臣，因为当时，已经没有奴隶主贵族称君为臣了。最后，从公孙龙哲学和辩学的批判精神和理性主义倾向来看，它是一种前进的向上的富有科学精神的学术，是百家争鸣的思想文

---

[1] 见冯友兰：《中国哲学史新编》（第1册）。

化解放运动的组成部分,它在客观上适应了上升时期地主阶级开创新时代的需要,而与没落奴隶主阶级的蒙昧主义和开倒车的立场是格格不入的。再者,公孙龙的辩论术和出众的智慧才华,能够为封建诸侯治国安邦、折冲尊俎效其力,故受到诸侯的欢迎。

公孙龙没有大一统的政治主张,他的学说的多元化倾向,不利于社会走向统一的趋势,这是他不如邹衍、荀况和韩非的地方。因此,一旦统一的封建中央集权制国家建立起来,公孙龙的学说就完结了它的历史使命,被排斥出封建正统意识形态的阵地。

荀子的唯物主义哲学思想[*]

[*] 本文是任继愈主编《中国哲学发展史》（先秦卷）的一篇，系任继愈和孔繁、牟钟鉴、余敦康、周继旨、阎韬合撰。

荀子名况，字卿，又称孙卿。战国末期赵国（今山西南部）人。生卒年不详。他的政治、学术活动年代约在周赧王十七年（前298）到秦王政九年（前238）之间。关于荀况事迹的记载，《史记·孟轲荀卿列传》说他"年五十始来游学于齐，田骈之属皆已死，襄王时而荀卿最为老师"。刘向《叙录》说："方齐宣王威王之时，聚天下贤士于稷下尊宠之，是时孙卿有秀才，年五十始来游学。"如果荀子于齐宣王时来齐（约前321—前319），那么到春申君被杀（楚考烈王二十五年，即公元前236年），以荀子来齐时五十岁计算，这时已活了一百五十岁。因此，古籍中亦有考证荀子来齐时为十五岁者。如《风俗通义》说："齐威宣王之时，孙卿有秀才，年十五来游学，至襄王时孙卿最为老师。"晁公武《郡斋读书志》也认为《史记》所说年五十为年十五之误。但是即使荀子十五岁来齐国游学,到春申君死时也有一百二十岁。也无法确切地确定荀子的生卒年代。因此,只好根据古籍和《荀子》书中记载,大体上确定他的政治和学术活动的年代为公元前298年到公元前238年之间。《荀子·强国》关于"荀卿子说齐相"的记载当在齐湣王时(前285)。《强国》又记荀子入秦与应侯范雎问答,范雎为相是在公元前265年之后。《史记》载荀子二次入齐是在齐襄王时(前283—前265),并曾三次担任稷下学宫的祭酒。《荀子·议兵》记载荀子去赵国和赵国的临武君在赵孝成王面前议论兵法,当在公元前265年之后。后来荀子又到楚国,楚国宰相春申君任命他为楚国的兰陵令(山东苍南县)。公元前238年,春申君被杀,荀况也被免官,从此便定居兰陵,直到老死。

荀子的著作在汉代抄录流传有三百多篇,其中大多是重复的。经过刘向校雠,定为三十二篇,大体相当于现今流传的《荀子》一书。刘向《叙录》说:"所校雠中孙卿书凡三百二十二篇,以相校,除复重二百九十篇,定著三十二篇。"《荀子》一书,在先秦诸子著作中被认为是问题较少的,实际上也是经过后人编排,远非原貌。经过刘向校定的《荀子》三十二篇大体为荀子本人著作,少数篇章是荀子学生的记述（据杨倞考证：《大略》《宥坐》《子道》《法行》《哀公》《尧问》诸篇系荀子弟子记述）。

在汉以后的中国封建社会中，荀子的著作一直不被重视，到了唐代才有杨倞第一个为《荀子》作注。到了清代才又有人继续为《荀子》注释，有谢墉、卢文弨撰的《荀子篇释》。到清末王先谦又作《荀子集解》，这是一部有关《荀子》的训诂考订和注释的较为完备的著作。近代又有梁启雄撰《荀子简释》，可以作为初学读本。近年中华书局出版了北京大学《荀子》注释组撰的《荀子新注》。

荀子是战国末期儒家大师，他以仲尼子弓的继承者自任。在先秦儒家，孔子有弟子仲弓，姓冉名雍。后来还有传《易》的馯臂子弓。据杨倞考荀子所说子弓为仲弓而非馯臂子弓。史家赞同此说者为多。但近人郭沫若则认为子弓系指馯臂子弓。无论仲弓或馯臂子弓，而荀子将他与孔子并提，说明荀子是师承了孔子以来的儒家，并且成为先秦儒家最后一位大师。

荀子生于赵国，在齐楚秦赵等国积极进行过政治、学术活动。这些国家进入封建制度较早，有法家和道家的思想传统。例如齐有管仲学派，秦有商鞅学派，楚有老、庄道家，而燕赵多悲歌之士，有任侠的风尚。这在学术上为荀子综合先秦诸子提供了条件。荀子立足于儒家，吸取道、墨、名、法特别是道家和法家的思想，对儒家思想进行了改造和充实，使他由邹鲁搢绅先生的思想蜕变出来，别开一代新的学风，而成为先秦集大成的唯物主义思想家。

《史记》孟子和荀子同传，也说明荀子在战国时期和孟子具有同等的显学地位。汉初儒学的传播和荀子有十分密切的关系。当时荀子后学曾说："今之学者，得孙卿之遗言余教，足以为天下法式表仪"。(《荀子·尧问》，下引荀子只注篇名)汉初的《诗》《书》《礼》《乐》《春秋》《易》，均与荀子传授有关。清汪中《荀子通论》说："荀卿之学出于孔氏，而尤有功于诸经。"荀子于汉初儒学经典的授受关系，是有史迹可考的。

一 以法治充实礼治

战国末期，荀子对儒家礼治思想的继承和发展，适应了全国统一的封建中央集权即将形成的形势，有利于新兴封建等级制度的确立。他说："礼者，贵贱有等，长幼有差，贫富轻重皆有称者也。"(《富国》)"礼"体现了封建的伦理关系。在《君道》篇还有关于礼的详细问答：

请问为人君？曰：以礼分施，均遍而不偏。请问为人臣？曰：以礼待君，忠顺而不懈。请问为人父？曰：宽惠而有礼。请问为人子？曰：敬爱而致恭。请问为人兄？曰：慈爱而见友。请问为人弟？曰：敬诎而不苟。请问为人夫？曰：致功而不流，致临而有辨。请问为人妻？曰：夫有礼则柔从听侍，夫无礼则恐惧而自竦也。此道也，偏之而乱，俱立而治，其足以稽矣。

封建伦常完全包容在礼的规范之中，封建社会的政权、族权、夫权等在这里已初具雏形。这标志着封建生产关系的成熟，反映了封建伦理制度的确立。可以说，荀子对礼治思想的发展，使他成为在中国历史上为封建地主阶级提出系统礼治理论的人。

关于礼的起源问题，荀子对儒家的义利观有所突破，而做出新的解释，他说：

礼起于何也？曰：人生而有欲，欲而不得，则不能无求，求而无度量分界，则不能不争，争则乱，乱则穷。先王恶其乱也，故制礼义以分

之,以养人之欲,给人之求。使欲必不穷乎物,物必不屈于欲,两者相持而长,是礼之所起也。(《礼论》)

把礼说成"养人之欲,给人之求",承认人们要有物质生活欲望,是试图给礼的起源以唯物主义解释,虽然没有真正达到这一步,然而这一解释则给儒家的礼治以新的理论根据。荀子不像孔子那样宣称"君子喻于义,小人喻于利"(《论语·里仁》),将义和利对立起来,也不像孟子那样只讲义而反对讲利。而是将义利加以合理调整,承认二者合法共存,他说:"义与利者,人之所两有也。虽尧舜不能去民之欲利,然而能使其欲利不克其好义也。"(《大略》)把尧舜说成兼顾义利,和孔孟所宣传的尧舜面目大不相同,显然是对儒家传统思想的修正。荀子对礼的起源的这一解释,便为引法入礼敞开了大门。

孔孟的礼都没有从旧贵族的世袭制度中摆脱出来,如孔子反对僭越、孟子提倡"周室班爵禄"(《孟子·万章下》),都具有维护旧世袭世度的意义。而荀子为要打破这种旧传统,则吸收法家"法不阿贵"的思想。他说:

> 虽王公士大夫之子孙也，不能属于礼义，则归之庶人。虽庶人之子孙也，积文学，正身行，能属于礼义，则归之卿相士大夫。(《王制》)

荀子明确反对"世官世禄"，他说："古者刑不过罪，爵不踰德。"(《君子》)又说："乱世则不然，刑罚怒罪，爵赏踰德，以族论罪，以世举贤。"(《君子》)这里将以族论罪和以世举贤并论，都突破了周礼的框框，这样用法治来充实改造礼治，体现了新的时代精神。

荀子的新的礼治观，积极维护封建等级制度，他主张："由士以上则必以礼乐节之，众庶百姓则必以法数制之。"(《富国》)这又是变相的"礼不下庶人，刑不上大夫"。荀子认为封建制度下的剥削压迫是天经地义的，他说："少事长，贱事贵，不肖事贤，是天下之通义也。有人也，势不在人上，而羞为人下，是奸人之心也。"(《仲尼》)要求每个人都安于自己的伦理地位，不能有不轨的念头。他引用《尚书·吕刑》说的"维齐非齐"，认为社会上的平等就包含在不平等的秩序里。他说："分均则不偏，势齐则不壹，众齐则不使。"(《王制》)荀子不掩饰礼具有的阶级压迫的本质，也是他区别于孔孟之处。他还说："国无礼则不正，礼之所以正国也,譬之犹衡之于轻重也。"(《王霸》)将法治引入礼治,而使礼也具有强制的性质。不过,荀子用法充实礼,并没有喧宾夺主,改变其儒家的基本立场。因此,他的礼并不等于法,他隆礼并不隆法。这一基本立场也可以从他对王霸问题和德治、惠民方面看到。

荀子发展了儒家的"王道",他说:"仲尼之门,五尺之竖子,言羞称乎五伯。"(《仲尼》)为什么"羞称"?他说:"彼非本政教也,非致隆高也,非綦文理也,非服人之心也。"(《仲尼》)这里说的"政教""隆高""文理"是指用礼义争取人心归向。荀子吸取法家"辟田野,实仓廪,上下一心,三军同力"(《富国》),即重视实力的主张,但他不赞同法家单纯诉诸强力,并且针锋相对地提出:"以德兼人者王,以力兼人者弱。"(《议兵》)"王夺之人,霸夺之与,强夺之地。"(《王制》)荀子这些思想和孟子的思想有些接近,在于强调战争胜负与人心向背有关系。战争不只是实力的竞赛,而且更重要的是政治的竞赛,实力强弱是可以转化的,正义的战争得到人心,就可以转弱为强。他总结战国以来兼并战争的经验教训说:"兼并易能也,唯坚凝之难焉。齐能并宋,而不能凝之,故魏夺之。燕能并齐,而不能凝也,故田单夺之。韩分上地,方数百里,完全富足而趋赵,赵不能凝也，故秦夺之。"(《议兵》)在战国争雄的年代，荀子提出"凝民"，即争取民心归向，是有政治远见的。

荀子把实行"王道"作为自己的志愿，"王道"的内容就是实行礼义、仁政，他的这种主张与法家又有显著区别。例如他的学生李斯问他："秦四世有胜，兵强海内，威行诸侯，非以仁义为之也，以便从事而已。"荀子答道："女所谓便者，不便之便也。吾所谓仁义者，大便之便也。彼仁义者，所以修政也，政修则民亲其上，乐其君，而轻为之死……今女不求之于本而索之于末，此世之所以乱也。"(《议兵》)李斯说的"以便从事"是指法家注重实力和权谋。荀况则把这种主张批评为"末"，把"仁义"说成本，认为李斯的主张是本末倒置。这就表明他的学说和法家有原则的不同。

荀子对于儒家的"德治""仁政"亦有新的发展。他说：

> 马骇舆，则君子不安舆；庶人骇政，则君子不安位。马骇舆，则莫若静之；庶人骇政，则莫若惠之……传曰："君者，舟也；庶人者，水也。水则载舟，水则覆舟。"此之谓也。故君人者，欲安，则莫若平政爱民矣。(《王制》)

荀子看到"庶人骇政"则"君子不安位",因而政治好坏对统治者具有重要意义。要避免"庶人骇政",当然必须减省刑罚,注重教化,施以恩惠。他把君民关系看成船和水的关系,认识也是深刻的,它使在位者警惧不要激化和人民的矛盾,以免被人民推翻。

荀子还主张"节用裕民",他说:

> 足国之道,节用裕民,而善臧(藏)其余。节用以礼,裕民以政。彼裕民故多余,裕民则民富,民富则田肥以易,田肥以易则出实百倍。上以法取焉,而下以礼节用之。余若丘山,不时焚烧,无所臧之。夫君子奚患乎无余!(《富国》)

这些思想符合孔子"节用而爱人,使民以时"的主张。当然,荀子把封建社会产品丰富形容为"余若丘山,不时焚烧,无所臧之",未免渲染过分。但他说出了"节用裕民"的辩证法,统治者要增加剥削,就必须使"民富""田肥"。他又说:"不知节用裕民则民贫,民贫则田瘠以秽,田瘠以秽则出实不半,上虽好取侵夺,犹将寡获也。"(《富国》)田瘠民贫,统治者怎么搜括也是有限的。这些看法也符合老子说的"将与夺之,必固与之"。荀子着眼于小农经济的休养生息,对封建社会生产的发展和经济的繁荣有重要意义。

荀子强调治民要用两手,"爱民"的同时也不放弃刑罚。他说:"罪至重而刑至轻,庸人不知恶矣,乱莫大焉。"(《正论》)吸取了法家的重刑思想。这种重仁义而又任刑罚的主张,乃儒家阳儒阴法思想之滥觞。

在历史观方面,荀子提出"法后王",他说:

> 王者之制,道不过三代,法不贰后王。道过三代谓之荡,法贰后王谓之不雅。(《王制》)

"道"指政治原则,"法"指章程制度。荀子认为,三代以前,年代久远,史实失传,已无可资借鉴,有历史记载和文字可考的还是三代以后。他说:

> 五帝之外无传人,非无贤人也,久故也;五帝之中无传政,非无善政也,久故也……是以文久而灭,节族久而绝。(《非相》)

政治制度以周代最完善,是因周代有史迹可考。这非是说古代没有好人好政,而是年久失传,就好像古礼和古乐的节奏年久失传那样。这种"法后王"的思想,是一种历史发展观。

关于荀子所说的"后王",历来有不同的解释。唐代杨倞认为:"后王,当今之王。"又说:"后王,近时之王也。"(见《荀子集解》不苟、非相篇注)近代刘师培说:"盖开创为君,守成为后……荀子所言后王,均指守成之主言,非指文武言也。"(《刘申叔遗书·荀子补释》)近人梁启雄也说:"后王,未详。似是指总汇'百王''圣王政教'之迹的'君师',是一位理想的、'德才兼备'的、有位或无位的圣人——王或素王。"(《荀子简释》非相篇注)另外一种解释是清代刘台拱和王念孙认为荀子所说的"后王"即是指的文、武(见《荀子集解》非相篇注);近代章太炎则认为荀子"法后王"仅仅指的孔子,他说"荀子所谓后王者,则素王是;所谓法后王者,则法《春秋》是"(《尊荀》,见《章太炎政论选集》上册);近人郭沫若认为荀子"法后王"与孟子"尊先王"毫无区别(见《十批判书·荀子的批判》)。我们认为,荀子"法后王"包含上述两种解释的内容。他主张"法后王,一制度"是指当时新兴封建制度。但他"法后王"与"法先王"亦不矛盾。从继承周礼的立场看,他"法后王"是包括文、武、周公和孔子在内的。因此,他对"不法先王,不是礼义"也进行批判(见《非十二子》)。荀子认为,要继承发展礼义,必须吸取历史经验,借鉴"先王"有益的东西,但不应抱残守缺。如他在《成相》篇中总结尧舜禹汤以来的历史经验说:"观往事,以自戒,治乱是非亦可识。"在《正名》篇说:"若有王者起,必将有循于旧名,有作于新名。"就是继往开来的意思,"循旧"和"作新"是辩证统一的,是历史发展所要求的。

荀况在社会历史观方面还提出合"群"的观点,他说:"(人)力不若牛,走不若马,而牛马为用,何也?曰:人能群,彼不能群也。"(《王制》)人为什么能"群"?因为人能"分",即有不同的社会地位。"分"能维持,是依赖礼义。他说:"人何以能群?曰:分。分何以能行?曰:义。"(《王制》)有了社会组织,有了礼义之分,人就能利用"群"的力量胜过自然界其他动物。他说:"故义以分则和,和则一,一则多力,多力则强,强则胜物。"(《王制》)荀子把"分"作为"群"的基础,把礼义作为维持"分"的手段,这是对封建等级制度的积极拥护。荀子还把合"群"的力量归结为"圣王""君主"。他说:"君者,何也?曰:能群也。"(《君道》)又说:"人君者,所以管分之枢要也。"(《富国》)把决定社会历史的作用归结为少数"圣人""君主",这仍然是一种唯心史观。

二　唯物主义自然观

荀子是先秦唯物主义集大成的唯物主义思想家。他的唯物主义无神论体系是通过批判总结先秦诸子的思想提出来的。他在楚国活动的时间较长,有助于他批判地吸收道家的自然观。因为道家老子是楚人,庄子生活的宋国后来也为楚吞并,道家思想在楚国有传统的影响。荀子站在儒家立场,吸收法家思想,积极主张人事有为,使他吸取老子"道法自然"的思想时否定其中的消极无为成分,而提出"制天命而用之"的人定胜天思想。自从孟子提倡"天时不如地利,地利不如人和",把"人和"放在首位,极为重视人的因素,培植了儒家在人事方面积极进取的精神。荀子发扬了这种精神,他把"上得天时,下得地利,中得人和"(《富国》)作为人定胜天的必要条件。这样,道家的自然观到荀子手中便洗刷掉它的宿命论色彩,变成积极有为的唯物主义世界观了。荀子还扬弃了墨家的"天志""明鬼"观念,吸取了它认识论注重实践经验的思想,用来充实他的注重"辨合""符验"的认识方法。这样便把道家向内的静观的认识论改造为积极向外的注重经验的唯物主义认识论。荀子的无神论思想和法家反对鬼神迷信的传统也有思想渊源,他否定宗教迷信,却又提倡神道设教,也适合新兴封建地主阶级的要求。

荀子提出"明于天人之分",认为天和人各有自己的职分,把"天"(自然)与人(社会)的作用区别开,否认"天"有意志,否认"天命"。他说:"天行有常,不为尧存,不为桀亡。"(《天论》)这是对殷周以来的"天命"观进行挑战。荀子的唯物主义无神论思想,在哲学领域具有反对传统的"天命"观的革命色彩。像他这样明确主张按照自然界的本来面貌来说明它的物质存在,不附加任何精神意志在内,这在先秦可说是第一人。荀子又说:

> 列星随旋,日月递炤,四时代御,阴阳大化,风雨博施,万物各得其和以生,各得其养以成,不见其事而见其功,夫是之谓神。(《天论》)

列星、日月、四时、阴阳、风雨、万物所有自然现象都按照其自身固有规律在运动变化着。"不见其事,而见其功",是说明其中无有类似人的精神意志,然而这就是"神",把

"神"作为一种功用来解释,"神"便不再具神秘性,这样便把目的论从自然领域中排除出去了。当时若无发达的生产力和发达的科学水平,人的思维能力是不可能达到这样高度的。

荀子发展先秦"气"的思想,认为物质性的元气是构成自然界的物质根源,他说:

> 水火有气而无生,草木有生而无知,禽兽有知而无义,人有气有生有知亦且有义,故最为天下贵也。(《王制》)

自然界万物,由水火、草木、禽兽到人类均由物质性的气构成,说明人也是自然万物之一种,而不同的是人有"义",即伦理道德,说明道德属性只是人所特有的,而非自然界的普遍现象。在《荀子》中只此一处提到"气",而他的思想却十分明确,他扬弃了先秦其他人(如《管子·内业》)在这个问题上表现的神秘主义成分。这对于后来的唯物主义元气论(如王充)有重要影响。

荀子批判传统的"天命"论,破除自然观上的目的论,便能进一步将社会治乱和"天命"区分开来。他说:

> 治乱天邪？曰：日月、星辰、瑞历，是禹、桀之所同也；禹以治，桀以乱，治乱非天也。时邪？曰：繁启、蕃长于春夏，蓄积收藏于秋冬，是又禹、桀之所同也；禹以治，桀以乱，治乱非时也。（《天论》）

这就说明治乱与自然现象无关，自然现象不决定社会政治的好坏，自然界是无意志的，不能决定社会政治，当然也不受人的意志支配，所以荀子又说："天不为人之恶寒也，辍冬；地不为人之恶辽远也，辍广。"（《天论》）

《史记》说荀子反对"营巫祝，信讥祥"，破除世俗迷信。这在当时也具有重要意义；因为破除迷信便会缩小宗教神学的地盘，而扩大唯物主义无神论的阵地，是适应解放思想提高生产力的水平的，他说：

> 星队（坠）、木鸣，国人皆恐。曰：是何也？曰：无何也，是天地之变，阴阳之化，物之罕至者也。怪之，可也；而畏之，非也。夫日月之有蚀，风雨之不时，怪星之党（傥）见，是无世而不常有之。（《天论》）

星坠指陨星，木鸣指社庙里树木发出怪响，怪星可能指彗星。荀子对于这些自然界出现的怪异现象给予唯物主义解释，这里透露出偶然性和必然性的关系，所谓"无世而不常有之"，是对自然科学发展所做的具有历史性的总结，这些见解富有辩证法的因素。特别是"无何也"的说法，是以通俗的语言表达了无神论的深刻思想。清代无神论者熊伯龙作《无何集》，即借用荀子"无何"的说法。

荀子指出，自然界的怪异现象与人事好坏各不相涉，因此并不可怕，可怕的是社会上政治混乱，他称为"人祆（妖）。"他说：

> 物之已至者，人祆则可畏也。楛耕伤稼，耘耨失薉（秽），政险失民，田薉稼恶，籴贵民饥，道路有死人，夫是之谓人祆。政令不明，举错不时，本事不理，夫是之谓人祆。礼义不修，内外无别，男女淫乱，父子相疑，上下乖离，寇难并至，夫是之谓人祆。祆是生于乱，三者错，无安国。(《天论》)

人妖是由于政治昏暗造成农业生产的破坏，礼义伦常颠倒，内忧外患同时发生，国家就会陷于危机。

荀子站在儒家传统立场，虽不信神，但是主张祭祀。他把祭祀看作一种仪式，否定其中有鬼神。有人问："雩而雨，何也？"他回答："无何也，犹不雩而雨也。"(《天论》)对祭祀做无神论的解释，在古代也是荀子的创举。有趣的是他坚持无神论，并不否定祭祀，认为祭祀作为礼节仪式不可缺少，但不要去向鬼神祈求福祐。他说：

> 日月食而救之，天旱而雩，卜筮然后决大事，非以为得求也，以文之也。故君子以为文，而百姓以为神。以为文则吉，以为神则凶也。(《天论》)

荀子批判世俗迷信，又主张要有祭祀、卜筮等，这种矛盾现象，反映出他在政治上积极主张维护封建的宗法制度，他说：

> 礼有三本，天地者，生之本也；先祖者，类之本也；君师者，治之本也。无天地，恶生？无先祖，恶出？无君师，恶治？三者偏亡，焉（则）无安人。故礼，上事天，下事地，尊先祖，而隆

君师,是礼之三本也。(《礼论》)

这就是后来的天、地、君、亲、师,成为封建社会祭祀的主要内容。祭祀和"隆礼"关系至为密切,因此他虽认天为自然之天,仍然要祭天;人死不为鬼神,但仍要祭祀祖先。他说:

> 故先王案为之立文,尊尊亲亲之义至矣。故曰:祭者,志意思慕之情也,忠信爱敬之至矣,礼节文貌之盛矣,苟非圣人,莫之能知也。圣人明知之,士君子安行之,官人以为守,百姓以成俗。其在君子,以为人道也;其在百姓,以为鬼事也。(《礼论》)

祭祀表达忠臣孝子对于君亲的志意思慕之情,因此,统治者(圣人)明知没有鬼神,也要加以利用以维持尊尊亲亲的伦理关系。荀子也积极主张"事死如事生,事亡如事存"(《礼论》),提倡厚葬和三年之丧,甚至说:"三年之丧,人道之至文者也,夫是之谓至隆;是百王之所同,古今之所一也。"(《礼论》)因为宗教祭祀对于维护封建政治制度所具有的重要作用，才使荀子这样的无神论者也积极主张神道设教，这也表明旧唯物主义者在无神论问题上无法超越他所处的时代和阶级的局限。

荀子唯物主义又一突出表现，是他对古代骨相论的批判。《荀子·非相》说古代著名的相人有春秋时的姑布子卿和战国时的唐举，他们"相人之形状颜色而知其吉凶妖祥"。荀子认为人的吉凶善恶属于社会政治道德，与骨相无关。他说：

> 相形不如论心，论心不如择术。形不胜心，心不胜术。术正而心顺之，则形相虽恶而心术善，无害为君子也。形相虽善而心术恶，无害为小人也。(《非相》)

这里所说心术，包含人的品行在内，人的善恶由他的品行决定，而与骨相无关。这样区分人的自然生理属性与社会属性，而认为道德属性不取决于生理，这是唯物主义思想，也是荀子高明之处。因为古人对人的复杂的精神活动无法做出科学的解释，往往归结为骨相的原因，像东汉唯物主义者王充，比荀子晚了几百年，仍未摆脱骨相论的影响。而荀子在战国时期就明确反对骨相论了，这更可看出他思想之可贵。荀子举例说仲尼、周公、皋陶、伊尹、禹、汤等圣人的相貌并不美；相反地像桀、纣等暴君却生得伟俊，以此来证明善恶、吉凶与骨相无关。他还讲了这样生动的故事：

> 乡曲之儇子，莫不美丽姚冶，奇衣妇饰，血气态度拟于女子；妇人莫不愿得以为夫，处女莫不愿得以为士，弃其亲家，而欲奔之者，比肩并起。……俄则束乎有司而戮乎大市，莫不呼天啼哭，苦伤其今，而后悔其始。(《非相》)

这故事对骨相论颇具讽刺的意味，从乡曲之儇子勾引妇女而犯法判罪的可悲相，说明吉凶和相貌无关。荀子看出人具有自然和社会两重属性，像"饥而欲食，寒而欲暖，劳而欲息，好利而恶害"，是人的天然属性，是"所生而有"，"无待而然"。但人所以为人，还在于人有伦理道德，他说："人之所以为人者，非特以二足而无毛也，以其有辨也。"(《非相》)人两足直立，身上无毛，只不过是人区别于动物的生理现象，重要的还在于人有"辨"，即伦理道德规范。因此，人的善恶吉凶祸福完全是社会原因造成的，不能归结为骨相。

荀子唯物主义思想的时代意义,还在于他提出"制天命而用之"的光辉的人定胜天的思想。荀子认为人类有能力征服自然,使自然为自己造福。他从自然界万物的相互依存和制约中观察到万物既能相生相养,又有生存竞争。人类可以利用自然环境养活自己,同时又要克服于己不利的条件,以利自己的生存。他说:

> 财非其类,以养其类,夫是之谓天养。顺其类者谓之福,逆其类者谓之祸,夫是之谓天政。(《天论》)

在古代提出"天养""天政"的思想是很深刻的,因为它体现了人类对自然规律的掌握。荀子指出,如果"弃其天养,逆其天政",便会招致"大凶";而能"备其天养,顺其天政",就可使天地万物为人类造福。因此,他主张,人类应积极去征服自然,而不应坐等自然的赐予。他说:

> 大天而思之,孰与物畜而制之?从天而颂之,孰与制天命而用之?望时而待之,孰与应时而使

之?因物而多之,孰与骋能而化之?思物而物
之,孰与理物而勿失之也?愿于物之所以生,孰
与有物之所以成?故错人而思天,则失万物之情。
(《天论》)

这里说的"错人而思天,则失万物之情",深刻地说明了人和自然的辩证关系。所谓万物之情,指自然万物有可以为人利用的本性。这样便把自然界完全放在人类支配之下,这是何等阔大的气魄。正是由于这样的征服自然的勇气和信心,荀子在《天论》篇一开头便提出如下结论性的看法:

强本而节用,则天不能贫;养备而动时,则天不能病;修道而不贰,则天不能祸。故水旱不能使之饥,寒暑不能使之疾,祆怪不能使之凶。本荒而用侈,则天不能使之富;养略而动罕,则天不能使之全;倍道而妄行,则天不能使之吉。

总之,发挥人认识自然规律和掌握自然规律的能力,不做违背规律的事情,那么水旱、疾病、吉凶都不能为害于人;相反,放弃主观努力而又不按规律办事,那就自讨苦吃

了。所谓"天不能"云云,乃是说明事在人为,而不在天命。这种观点有力地反对了天命论和宿命论,是对孔孟的人事有为和老庄的自然无为思想的积极改造。荀子还说:"天有其时,地有其财,人有其治,夫是之谓能参。"(《天论》)"能参",可训为"能三",即人有充分利用天时地利等自然条件的能力,人与天地并立为三而毫无愧色。

战国末期农业生产和科学水平的发达,使荀子的眼界已较春秋末期墨家小生产的眼光要开阔,他批评墨子尚节俭的主张,说:

> 墨子之言昭昭然为天下忧不足。夫不足,非天下之公患也,特墨子之私忧过计也。今是土之生五谷也,人善治之,则亩数盆,一岁而再获之;然后瓜桃枣李一本数以盆鼓,然后荤菜百疏以泽量,然后六畜禽兽一而剸(专)车,鼋鼍鱼鳖鳅鳣以时别一而成群,然后飞鸟、凫雁若烟海,然后昆虫万物生其间,可以相养者不可胜数也。夫天地之生万物也,固有余足以食人矣;麻葛、茧丝、鸟兽之羽毛齿革也,固有余足以衣人矣。(《富国》)

这里说的"盆"是古代一种计量单位。这段叙述说明当时农业生产的发达，一年可以收成两季，而且林、牧、渔各业均蓬蓬勃勃有了发展。这种将力量放在发展生产上，较之单纯地强调节俭，有更为积极的意义。生产力的发展引起经济的交流和交换的发达，更使荀子大开眼界，他形容说：

> 北海则有走马吠犬焉，然而中国得而畜之。南海则有羽翮齿革曾青丹干焉，然而中国得而财之。东海则有紫紶鱼盐焉，然而中国得而衣食之。西海则有皮革文旄焉，然而中国得而用之。故泽人足乎木，山人足乎鱼，农夫不斵削不陶冶而足械用，工贾不耕田而足菽粟。(《王制》)

这里"中国"是指中原，北、南、东、西海指边远地区。当时边远地区的土特产源源运到中原，说明生产和交换的发达。经济联系的发展，也有利于统一的封建中央集权的建立。荀子对于封建的政治和经济都充满朝气和信心，当然不满意墨家小生产的狭隘主张，他说：

> 故先王圣人为之不然，知夫为人主上者，不

> 美不饰之不足以一民也，不富不厚之不足以管下也，不威不强之不足以禁暴胜悍也。
>
> 若是则万物得宜，事变得应，上得天时，下得地利，中得人和，则财货浑浑如泉源，汸汸如河海，暴暴如丘山，不时焚烧，无所臧之，夫天下何患乎不足也。（《富国》）

荀子以唯物主义观点，认为开明的政治要有文饰，要使百姓富厚，要令行禁止，加上充分利用天时、地利、人和诸方面的条件，生产就会发展，产品就会丰富。

当时铁器的广泛使用，是生产力发展的一个重要标志，铁器引起生产工具的变革，也使人类征服自然的能力增强了。恩格斯说：

> 铁使更大面积的农田耕作，开垦广阔的森林地区，成为可能；它给手工业工人提供了一种极其坚固和锐利非石头或当时所知道的其他金属所能抵挡的工具。[1]

---

[1]《家庭、私有制和国家的起源》，《马克思恩格斯全集》第21卷。

荀子也形容当时的手工业冶铸技术说："刑（型）范正，金（铜铁属）锡美，工冶巧，火齐得，剖刑而莫邪已！"（《强国》）这是指模具、金属、冶炼、火候各方面配合得好，就可铸出"莫邪"那样的宝剑，说明当时手工业冶铸技艺已很高明。这和冶铁技术的发展有密切关系。生产工具的发达也推动了生产力的发展，也促使荀子产生人定胜天的信念，他说：

> 登高而招，臂非加长也，而见者远；顺风而呼，声非加疾也，而闻者彰。假舆马者，非利足也，而致千里；假舟楫者，非能水也，而绝江河。君子生非异也，善假于物也。（《劝学》）

"善假于物"指人能制造和利用工具，能凭借和支配自然资源为自己服务。

战国末期不仅生产出现前所未有的规模，而且在政治上也面临建立全国统一的封建中央集权的形势。地主阶级各集团间为统一中国而竞争，这全靠经济实力、政治优势和人心向背，而不是什么"天命"。政治上和经济上的竞争和决赛，推动地主阶级思想家重视人的因素，而蔑视神秘的"天"。

荀况说,"循道而不贰,则天不能祸""倍道而妄行,则天不能使之吉"(《天论》)。"循道"和"倍道",正是说明成败的关键在人而不在天。荀子的"制天命而用之"人定胜天的思想,不仅有利于社会生产的发展,而且也为当时地主阶级消除割据,实现全国统一,奠定了理论基础。

三 唯物主义认识论

荀子在认识论上提出"解蔽",对先秦诸子认识论做了批判总结。他"解蔽"着重批判当时流行的许多学派。他以孔子继承者自任,推崇"孔子仁知且不蔽",并说孔子"德与周公齐,名与三王并,此不蔽之福也"。(《解蔽》)他由政治上推崇孔子,以标榜自己的"解蔽"是为了发扬孔子之道,是借美化孔子来阐明自己唯物主义认识论的重要意义。

荀子对于形神关系,首先肯定有物质的形体然后才有精神,他说:

> 形具而神生,好恶喜怒哀乐臧焉,夫是之谓天情。(《天论》)

所谓"天情",是指人的精神活动乃是人的自然生理的功能。荀子还把人的耳、目、口、鼻等感官叫"天官",把思维器官(心)叫作"天君"。都是指人的生理结构是自然的,是人的精神现象赖以存在的物质基础。

荀子认为,人有认识能力,客观事物有可以被认识的规律,他说:"凡以知,人之性也;可以知,物之理也。"(《解蔽》)主观认识能力要和客观对象结合才获得认识,他说:"所以知之在人者谓之知;知有所合谓之智。所以能之在人者谓之能;能有所合谓之能。"(《正名》)将主观的知、能和经过客观实践而获得的智、能加以区分,在于说明,只有主观的认识能力还不能获得认识,必须与客观对象接触(所合)才具备获得认识的条件。感觉和认识的源泉在客观世界,人的认识或技能都是经由客观实践获得的。因此,荀子提出"缘天官"的说法:

> 形体、色、理,以目异;声音清浊、调竽奇声,以耳异;甘、苦、咸、淡、辛、酸、奇味,以口异;香、臭、芬、郁、腥、臊、洒、酸、奇臭,以鼻异;疾、养、沧、热、滑、铍、轻、重,以形体异;说、故、喜、怒、哀、乐、爱、恶、

欲，以心异。(《正名》)

上面分别说明视、听、味、嗅、触等感官的作用及思维（心）的功能，而"缘天官"即各种感觉对象作用于人的感官，然后才获得认识。荀子还指出各种感官有不同的感触对象的性能，不能互相替代，他说：

耳、目、鼻、口、形能各有接而不相能也，夫是之谓天官。(《天论》)

荀子的这种唯物主义感觉论十分明确。他反对社会上流行的唯心主义内省体验的思想方法，指出他们排斥感性经验的错误。他说：

空石之中有人焉，其名曰觙。其为人也，善射以好思。耳目之欲接，则败其思；蚊蚋之声闻，则挫其精。是以辟耳目之欲，而远蚊蚋之声，闲居静思则通。(《解蔽》)

这里说的"空石之人"不详所指，"善射好思"是富于猜想，而"辟耳目之欲、远蚊虻之声"可能是讥讽道家的静观的认识方法。老子主张"不出户，知天下，不窥牖，见天道"似有"空石之人，善射好思"的味道。荀子还批判孟子和有若说："孟子恶败而出妻，可谓能自强矣，未及思也。有子恶卧而焠掌，可谓能自忍矣，未及好也。"(《解蔽》)"恶败"，杨倞注为"败德"，郭沫若《十批判书·儒家八派的批判》认为"败德"不通，"败"指男女之际败坏精神或身体。说明孟子不愿身体受到损耗，竟然遗弃妻子；有若驱除困倦，用火灼烧手掌。荀子认为，这样做，可以说是做到了自我克制，其实并无益于认识，特别是精微深刻的认识。要获得对客观规律的正确认识，不仅不能排斥感性活动和压制情感欲望，而且必须充分发挥感官的作用，合理支配情感欲望。那种过分地克制自己正常的认识活动是完全不必要的。他说：

> 夫微者至人也。至人也，何强，何忍，何危？故浊明外景，清明内景。圣人纵其欲，兼其情，而制焉者理矣。(《解蔽》)

这里说的"浊明外景"指表面明白而内心混浊；"清明

内景"指主观认识能力保持如同水镜一般,清晰可鉴,物来顺应,根本用不着压制感情欲望。

荀子指出,认识的深入一步是用"心"进行思维,"心"对感官起统帅和支配作用,所以叫"天君"。他说:"心居中虚以治五官,夫是之谓天君。"(《天论》)心如果不进行活动,就不能有认识。他说:"心不使焉,则白黑在前而不见,雷鼓在侧而不闻。"(《解蔽》)心有"征知"的作用,即能对感官得来的认识进行分类、辨别和取舍。心的作用高于感觉,但必须以感觉为基础,他说:"心有征知,征知,则缘耳而知声可也,缘目而知形可也,然而征知必将待天官之当薄其类然后可也。"(《正名》)"薄"是迫近、接触,即要由感官接客观对象才能获得认识。荀子已初步观察到理性和感性之间的一些辩证关系。

荀子承认感觉是认识的来源,但反对片面地执着感觉经验。他指出,仅仅凭借感觉经验并靠不住,因为感觉有时给人以错觉。他说:

> 冥冥而行者,见寝石以为伏虎也,见植林以为立人也,冥冥蔽其明也……厌目而视者,视一以为两;掩耳而听者,听漠漠而以为哅哅,势乱

其官也。故从山上望牛者若羊,而求羊者不下牵也,远蔽其大也。从山下望木者,十仞之木若箸,而求箸者不上折也,高蔽其长也。水动而景摇,人不以定美恶,水势玄也。瞽者仰视而不见星,人不以定有无,用精惑也。有人焉,以此时定物,则世之愚者也。(《解蔽》)

这里指出,视觉听觉受到扰乱便产生错觉,对于错觉必须用思维去校正。人在感觉不清楚时,无法做出正确判断,所谓"用精惑也"即这个意思。荀子由此分析人们的鬼神观念的发生也往往由于错觉,他举例说:

夏首之南有人焉,曰涓蜀梁,其为人也,愚而善畏。明月而宵行,俯见其影,以为伏鬼也;卬(仰)视其发,以为立魅也;背而走,比至其家,失气而死,岂不哀哉!(《解蔽》)

夏首是楚国地名,这可能是流行楚国的故事。这个故事说明涓蜀梁见鬼全是出于错觉。因此,荀子说:"凡人之有鬼也,必以其感忽之间疑玄之时正之。此人之所以无有而有无之时也。"(《解蔽》)人们见鬼是由于感觉慌惚,若有若无、神志不清时做出的错误判断。这些事例说明,在客观对象不清楚,发生疑惑,神智不清楚时,不要轻易下判断,荀子说:

> 凡观物有疑,中心不定,则外物不清,吾虑不清,则未可定然否也。(《解蔽》)

荀子认为,心的作用高于感官,还在于心能把握"道"。"道"具有普遍规律的意义,他说:"夫道者,体常而尽变,一隅不足以举之。"(《解蔽》)人们认识最大的弊病是片面性,即"蔽于一曲,而暗于大理"(《解蔽》)。一曲指局部、一隅,大理指全局或规律,是说认识的某一个方面加以夸大就会妨害对事物的全面的规律性的认识。他指出:

> 欲为蔽,恶为蔽,始为蔽,终为蔽,远为蔽,近为蔽,博为蔽,浅为蔽,古为蔽,今为蔽。凡万物异,则莫不相为蔽。此心术之公患也。(《解蔽》)

事物都处于矛盾之中，如欲恶、始终、远近、博浅、古今等都属对立同一范畴。如果夸大其中某一个侧面都会产生"蔽"，把认识引入歧途。荀子这些看法是有道理的。列宁说：

> 直线性和片面性，死板和僵化，主观主义和主观盲目性就是唯心主义的认识论根源。(《谈谈辩证法问题》，《列宁选集》第2卷)

当然，荀子的"解蔽"具有朴素唯物主义的直观性，他还不可能正确理解认识论上产生"蔽"的阶级根源。但是他强调认识的全面性反对片面性，积极探索和把握客观事物的规律，对于他在认识论上贯彻人定胜天的思想具有重要意义。他说：

> 圣人知心术之患，见蔽塞之祸，故无欲、无恶，无始、无终，无近、无远，无博、无浅，无古、无今。兼陈万物而中县衡焉。是故众异不得相蔽以乱其伦也。(《解蔽》)

这里所"无欲""无恶"等，是指去掉个人的好恶和偏见。"兼陈万物而中县衡"是指把有关的事物全部列举出来，全面占有材料，有根据地做出全面的符合客观实际的分析；这样才能把握事物的规律，即全面地认识"道"，而不为"一隅"所局限。

荀子重视"解蔽"，是要为他的政治主张提供认识论的根据，他说：

> 天下无二道，圣人无两心。今诸侯异政，百家异说，则必或是或非，或治或乱。(《解蔽》)

"天下无二道"是指要有统一的政治学说，而在当时"诸侯异政，百家异说"的情况下，采取正确的政治和正确的学说，尤其重要。荀子总结历史经验，指出：

> 昔人君之蔽者，夏桀、殷纣是也。桀蔽于末（妹）喜、斯观而不知关龙逢，以惑其心而乱其行。纣蔽于妲己、飞廉而不知微子启，以惑其心而乱其行。故群臣去忠而事私，百姓怨非而不用，贤良退处而隐逃，此其所以丧九牧之地而虚宗庙之国也。(《解蔽》)

这些说明，荀子所指政治上的"蔽"，主要是礼义法治遭到破坏，赏罚颠倒而给国家带来的危害。

荀子认为，只有精通"道"，即掌握规律，才能驾驭自然役使万物，他说：

> 精于物者以物物，精于道者兼物物。故君子壹于道而以赞稽物。壹于道则正，以赞稽物则察，以正志行察论，则万物官矣。(《解蔽》)

精通了"道"，较之精通某一种技能为高明，即在于"道"可以役使一切事物。因此，从道的高度去认识考核事物，就不会出偏差，有正确的理论指导，就可明察事物，就可以成为万物的主宰。

怎样能获得对"道"的认识？荀子认为要靠心的"虚壹而静"，他说：

> 人何以知道？曰：心。心何以知？曰：虚壹而静。心未尝不藏也，然而有所谓虚；心未尝不两也，然而有所谓一；心未尝不动也，然而有所谓静。人生而有知，知而有志。志也者，藏也；

> 然而有所谓虚，不以所已藏害所将受谓之虚。心生而有知，知而有异，异也者，同时兼知之；同时兼知之，两也；然而有所谓一，不以夫一害此一谓之壹。心，卧则梦，偷则自行，使之则谋。故心未尝不动也，然而有所谓静，不以梦剧乱知谓之静。(《解蔽》)

这是说，不让已有的知识去妨碍即将接受的新知识，就是虚。心能同时兼知两物，但是不要使两物互相妨碍以影响人的认识，这就是壹。人的思维活动是不会停止的，甚至睡眠时也要做梦，因此不要以混乱不清的胡思乱想去淆乱正常的认识活动，就是静。"虚壹而静"的这些含义具有要人在认识过程中排除干扰，精力专一，充分发挥思维能动性的意思。"虚壹而静"就是使思维活动保持高度的清醒状态，荀子又称它为"大清明"。即把心保持如同水镜一般，客观事物就可以照得清楚。而这也是认识的最高境界。他说：

> 万物莫形而不见，莫见而不论，莫论而失位，坐于室而见四海，处于今而论久远，疏观万物而知其情，参稽治乱而通其度，经纬天地而材官万

物，制割大理而宇宙里（理）矣。（《解蔽》）

认识的最高目的是掌握自然万物的规律和社会治乱的规律，这在认识论上体现了荀子的人定胜天的思想。

荀子的"虚壹而静"批判地吸取了老子的"致虚极，守静笃"的思想，以及《管子》中《心术》《白心》等篇的虚静观点，后者是对老子思想的发展，把虚静解释为精力专一、排除干扰，所谓："洁其宫，开其门。""宫"指心（思维），"门"指耳目等感官。所谓："心也者智之舍也，故曰宫。洁者，去好恶也。门者谓耳目也，耳目者所以闻见也。"（《管子·心术上》）这里把"洁其宫，开其门"作为获得认识的条件，不以人的主观偏见妨害对客观事物的认识，这和老子那种排除感官见闻的主张显然是不同了。荀子又进一步发展了《管子·心术》的思想，强调发挥认识的能动作用，以获得对客观世界的规律性的认识。他说的"虚壹而静"，非但不同于老子那样排斥感官和外界接触，也不同于《管子·内业》等篇把心的虚静看成消极被动地反映客观事物。荀子认为，心不会处在绝对的虚静状态，不会成为一张白纸。但是人要获得认识，总要集中精力排除干扰，把注意力转移到一个方面，暂时放弃其他思考活动，否则就无法获得认识。他说:"心技则无知,倾则不精,贰则疑惑。"(《解蔽》)精力必须集中,否则必然妨害认识。荀子认为认识的源泉在客观世界,集中精力只是认识的必要条件,而不能用主观冥想去代替客观实践活动。他说:"道者,古今之正权也,离道而内自择,则不知祸福之所托。"(《正论》)道是权衡古今历史的尺度,不能"离道而内自择",说明道是客观的,不以人的意志为转移的。因此说,离道而内自择,即单凭主观自信,将不知祸福之所托。这说明,荀子的"虚壹而静"与唯心主义者的"主静"是不同的。

但是,荀子的"虚壹而静"也是有缺陷的。他的认识论具有旧唯物论的通病,即不了解实践在认识中的作用,不能正确解决感性认识和理性认识的辩证关系。他强调人定胜天,但他不了解劳动人民的社会实践是改造客观世界的动力。他夸大少数"圣人""君子"的认识能力,区分"圣人之知""君子之知""小人之知"。(见《性恶》)轻视劳动人民的知识,因而使他轻视感性经验而夸大理性的作用,如他认为:"心者,形之君也而神明之主也,出令而无所受令。"(《解蔽》)这就容易把心的活动说成不受物质条件、客观环境的制约,将人的认识引向偏重于追求心的"大清明"。以上即是荀子认识论的唯理论的倾向的阶级根源和认识根源。

总的来看，荀子主张人定胜天，他的认识论充满着进取精神。他重视学习，强调学以致用，认为人的丰富的学问是由学习得来的，他说：

> 学不可以已。青，取之于蓝，而青于蓝；冰，水为之，而寒于水。木直中绳，𫐓以为轮，其曲中规，虽有槁暴，不复挺者，𫐓使之然也。故木受绳则直，金就砺则利，君子博学而日参省乎己，则知明而行无过矣。(《劝学》)

青出于蓝而青于蓝，是由于加工提炼的结果，以此譬喻学习使人丰富智慧，如同绳墨矫正过的直木，经过加工使之弯曲成轮，合乎圆规的要求，定型之后，即使再干燥了，也不会变直了。学习也可以使人定型，成为学问家，博学慎行，便可减少错误。

荀子强调要有脚踏实地刻苦学习的精神，他说：

> 故不积跬步，无以至千里；不积小流，无以成江海。骐骥一跃，不能十步；驽马十驾，功在不舍。锲而舍之，朽木不折；锲而不舍，金石可

镂。(《劝学》)

只要肯于从头学起,有锲而不舍的精神,坚持不懈,小流可以积成江海,铁杵可以磨成绣针。

荀子还强调学以致用,对于"知""行"提出一些合理的观点。他说:

> 不闻不若闻之,闻之不若见之,见之不若知之,知之不若行之。学至于行之而止矣。(《儒效》)

这里已有行高于知的见解,荀子还说:

> 圣人也者,本仁义,当是非,齐言行,不失豪厘,无它道焉,已乎行之矣。(《儒效》)

这里已有用行检验知的意义,圣人之所以高明而无过错,就是因为注意用行来检验效果。他又说:

> 故闻之而不见,虽博必谬;见之而不知,虽识必妄;知之而不行,虽敦必困。(《儒效》)

只有闻见之知而不付诸实行,知识虽多也不解决问题。因此,荀子强调:

> 善言古者必有节于今,善言天者必有征于人。凡论者贵其有辨合,有符验。故坐而言之,起而可设,张而可施行。(《性恶》)

这里说的"节""征""辨合""符验",都是指认识要经受实际的检验、验证。

荀子所谓"行",也受时代和阶级的局限。他主要是指少数"圣人""君子"的个人践履,不是指劳动人民的社会实践。但荀子坚持学以致用,认为杰出人的认识也要经受实际的检验,否认有"生而知之"的圣人。这样理解知、行关系,对后来唯物主义思想家解决知、行问题有重要影响。

四 唯物主义逻辑思想

荀子生当战国名辩思潮高涨的时候。荀子形容当时的情况是:"圣王没,名守慢,奇辞起,名实乱。"(《正名》)名不被人们遵守(名守慢)和名实的混乱,正是当时诸子百家学术思想活跃的反映。战国以来，地主阶级各集团间展开激烈的竞争，军事上、政治上、思想上各个领域都进行着尖锐的斗争，名辩思潮各学派分属于不同的政治集团。为了在百家争鸣中从理论上战胜对方，各种学派都要求正确使用逻辑思维规律，使逻辑学说得以在激烈的辩论中发展起来。同时由于科学和生产力的发展，人类要征服自然，认识自然界的规律，也要提高人的逻辑思维能力。当时逻辑学的发达，充分证明逻辑思维理论和社会实践的密切关系。

荀子在当时不仅唯物主义地解决了名实问题，而且批判地总结了名家各派的逻辑学说，提出了他的唯物主义的"正名"论的逻辑体系，发展了我国古代的逻辑思想。

荀子的"正名"主张是在新的历史条件下对孔子"正名"思想的发展。"正名"是孔子以来儒家的传统思想，是"礼治"理论的一个组成部分。"正名"的目的即是要正确贯彻封建的礼义，即维护封建的宗法等级制度。因此，"正名"的主要内容就是"君君、臣臣、父父、子子"。荀子的"正名"即体现了儒家这一政治立场。

但是由于荀子所处的时代已和孔子时代大不相同，荀子作为新兴地主阶级唯物主义思想家，他的"正名"思想适应封建中央集权即将建立的形势，带有要求统一人民思想的显著特色。他提出:"王者之制名,名定而实辨,道行而志通,则慎率民而一焉。故析辞擅作名以乱正名,使民疑惑,人多辨讼,则谓之大奸,其罪犹为符节度量之罪也。"(《正名》)"正名"的目的是统一人民的思想,不准许违背统治者的利益擅自曲解或制作名称以搞乱人们的思想,否则就要像私造符节和度量衡那样给以定罪。这就表明,荀子的"正名",是为适应新兴地主阶级建立统一的中央集权的政治需要提出来的,是统一制度和统一思想的工具。荀子接着说:"故其民莫敢托为奇辞以乱正名,故其民悫,悫则易使,易使则公。其民莫敢托为奇辞以乱正名,故壹于道法而谨于循令矣。"(《正名》)这是说,老百姓不敢违犯统治者制定的名分,就会老实守法,便于驱使,就会遵守统治者的秩序和服从法令。这里可以看出随着封建制度的强化,更需要用"正名"钳制人民的思想,这对于巩固地主阶级的政治统治,是很重要的。把逻辑学作为政治斗争的手段,把运用逻辑思维和推行政治结合起来,这是儒家的特色,也是它的局限性。

荀子从其"法后王而一制度""隆礼""尚贤"的立场,对各派逻辑学说进行了批判总结,他说:"以正道而辨奸,犹引绳以持曲直;是故邪说不能乱,百家无所窜。"(《正名》)这里说的"正道"虽然包括了逻辑思维正确,但更重要的还在于用封建的礼义作为衡量辩论的准绳。他说:"凡言不合先王,不顺礼义,谓之奸言,虽辩,君子不听。"(《非相》)先秦名家各派对繁荣学术做了有益的贡献,但到了地主阶级即将取得全国统一政权的时候,逻辑理论上的派别纷争对于统一学术思想就有其不利方面。所以荀子说:"凡知说,有益于理者,为之;无益于理者,舍之。"(《正名》)这里说的"理"的道理,也包含逻辑思维的正确,但仍然着重于要符合道理,否则尽管逻辑上正确也不过是概念游戏。

春秋时期,孔子提出"正名",涉及了名实问题,有某些逻辑思想的萌芽,但它主要的还是停留在政治概念上,并没有真正深入到逻辑学的领域。荀子虽然也把"正名"用来为封建政治服务,但是他已深入到逻辑学领域,通过对名家各派进行评论,初步提出了自己的逻辑学说体系。在中国逻辑思想史上,荀子的地位是不可忽视的。

荀子运用唯物主义认识论正确地解决了名实关系的问题,为逻辑学奠定了唯物主义认识论的基础。

荀子的唯物主义名实论,从以下三方面论证了"实"是第一性的,名是第二性的。

第一,关于正名的必要性。他说:

> 异形离心交喻,异物名实玄纽。贵贱不明,同异不别。如是,则志必有不喻之患,而事必有困废之祸。故知者为之分别制名以指实,上以明贵贱,下以辨同异。贵贱明,同异别,如是,则志无不喻之患,事无困废之祸,此所为有名也。(《正名》)

"异形离心交喻,异物名实玄纽"甚为费解,历来哲学史家有种种解释,而较为接近一致的说法,是指一切事物都有形状和实体的区别,人在交流思想,区别事物时,如果没有适当的名词概念作为工具,就会造成语言和思想上的隔阂和混乱,分不清楚事物之间的贵贱同异等差别。因此,必须分别制名以指实,使名实相符,使得人与人之间和事物与事物之间,都有明确的贵贱、同异的区别,这样人们才能正确地交流思想,进行工作。这就是荀况提出正名的原因。

第二,关于正名的根据。荀子说:

> 然则何缘而以同异?曰:缘天官。凡同类同情者,其天官之意物也同。故比方之疑似而通,是所以共其约名以相期也。(《正名》)

这段话的大意是说，同异的区别是由感官（天官）与客观事物相接触得到的，如形色以目（视觉）去区别；声音以耳（听觉）去区别；甘苦咸淡以口（味觉）去区别；疾痒冷热以形（触觉）去区别；喜怒哀乐以心（思想）去区别。由于同类的事物有相同的客观性质（"同类同情"），而人又有相同的感觉生理器官，因而能对相同的事物得出相同的感觉、印象（"天官之意物也同"）。如乐器可以奏出优美的音乐，人们通过听觉就能得到相同的悦耳的感觉；又如肉食的味道甘美，人们通过味觉就能得到相同的甘美的感觉。因此，人们对同类事物大致可以得到相同的感觉和认识，能够比拟而通（"比方疑似而通"），相约以制名。

第三，关于正名的原则。荀子说：

> 同则同之，异则异之。单足以喻则单，单不足以喻则兼，单与兼无所相避则共。虽共不为害矣。知异实者之异名也，故使异实者莫不异名也，不可乱也。犹使异（同）实者莫不同名也。（《正名》）

这是说，名是说明实的，实相同名亦相同，实相异名亦相异（"同则同之，异则异之"）。事物之间有具体的千差万别,但也有相同的类。由于事物有具体的种类的差别,有的用单称名词表达,有的用复称名词表达("单足以喻则单,单不足以喻则兼")。事物虽有具体差别,但有相同的性质就可归入一类("单与兼无所相避则共")。荀子指出,为什么异实者异名,同实者同名,不能混淆,就是因为名为实所规定,名是用来说明实的。名与实的关系,即一种事物的概念和它所代表的具体事物的关系。正名的原则就是使名符合实。

荀子对概念的种类也进行了分析,他说:

> 万物虽众,有时而欲偏举之,故谓之物。物也者,大共名也——推而共之,共则有共,至于无共然后止。有时而欲偏(徧)举之,故谓之鸟兽。鸟兽也者,大别名也——推而别之,别则有别,至于无别然后止。(《正名》)

这里把概念分为"大共名"和"大别名"、"共"名和"别"名。"大共名"指最高的类概念,"大别名"指个别具体的概念;"共"和"别"指一般的类和较低的类概念。这段话是说,自然界万物虽多,如果概括起来,用"物"的概念都可以包罗了，"物"这一概念就是"大共名"。在"物"之上不会再有更高的类了，所以是"大共名"。"共"是指一般的类，由低的类推到高的类，一直推上去，不能再推了，就是"大共名"。至于"大别名"，是由较高的类，一直推下去，推到某一具体事物，无法再推了，就是"大别名"。荀子以"鸟兽"说明大别名，例子是不恰当的，因为鸟兽属于类，还不是具体的某一鸟兽。但荀况对概念分类的"共则有共""别则有别"的看法，已经认识到概念的种属联系，这种分类方法是科学的辩证的。

荀子还提出了名词的社会性，即"约定俗成"，他说：

> 名无固宜，约之以命，约定俗成谓之宜，异于约则谓之不宜。名无固实，约之以命实，约定俗成谓之实名。名有固善，径易而不拂，谓之善名。(《正名》)

这是说，什么实用什么名才适宜，什么名代表什么实，并非一开始就是固定的，而是"约定俗成"，根据人们长期交流思想习惯中形成的。人们经过长期相约制名，名逐渐固定下来，为大家所公认，便能呼其名而知其意（"径易而不拂"）。荀子这里指出了"名"是社会历史产物，具有社会性。虽然实是第一性的,名是人们加给实的,是后起的,但名受社会历史习惯制约,一经为社会所接受,也不是可以由人任意改动的。

荀子为了证明名实必须相符,还提出名的"稽实定数",他说:

> 物有同状而异所者,有异状而同所者,可别也。状同而为异所者,虽可合,谓之二实。状变而实无别而为异者,谓之化,有化而无别,谓之一实。此事之所以稽实定数也。(《正名》)

这是说,有时两物形状相同,但仍是两种东西("二实")。也有时一种东西形状虽然发生了变化,如蚕化为蛹,它的形体改变了,但仍是一种东西("一实")。这说明"稽实定数"就是通过考核事物的实际数量来确定名称的多寡,名必须符合实。

荀子用他的唯物主义名实论对当时的"合同异""齐是非""离坚白"等逻辑思想进行了批判,他概括当时逻辑学说的谬误有"三惑":

第一,是"惑于用名以乱名"。例如:"见侮不辱""圣人不爱己""杀盗非杀人",这是由于名词的含混造成的谬误。因为"侮"就包含了"辱"的意义,侮和辱是标示同一概念的两个词;"人"的概念和"圣人""己""盗"是从属关系,"圣人""己""盗"都包含在"人"这概念的外延之中。因此,圣人爱人就不排斥爱己,而杀盗也即是杀人。如果利用"侮""辱""人""己""盗"等名词的不同而得到"见侮不辱""圣人不爱己""杀盗非杀人",那是违背逻辑规律的,是与事实不符合的。这就是"用名以乱名",不符合"制名以指实"的原则。

第二,是"惑于用实以乱名"。例如"山渊平""情欲寡""刍豢不加甘,大钟不加乐"。这是把个别现象错误地当作一般。有些海拔低处的山与高原的渊可能相平,有些人可能是欲寡而不是欲多,但一般情况不是这样。因为山高渊低是人所共见,刍豢(肉食)适口,钟声悦耳是人之同感。荀子认为用事实去纠正这些谬误,是最有效的办法,即:"验之所缘以同异,而观其孰调?"看看人们对客观事物的正常感觉和反映就可以得到证实了。

第三,是"惑于用名以乱实"。例如:"有牛马非马",这是利用"牛马"与"马"名词之不同抹杀事实。克服这种谬误的办法,是"验之名约,以其所受悖其所辞,则能禁之矣"。即指出其违背大家共同使用名词的习惯，如马是马，牛马是牛和马，是人类历史长期形成共同信守的概念，而"牛马非马"即是利用牛与马两个概念加在一起而否定了马是马，实际陷入自语矛盾。

荀子对于"三惑"的批判，在名实问题上坚持了唯物主义反映论的原则，对我国唯物主义逻辑思想的发展具有重要意义。

但是，应当指出，对某种学说、体系的批判，仅凭形式逻辑是不够的。例如"杀盗非杀人"属于墨家的思想；"见侮不辱"属于宋钘（宋荣子）学派的主张。这些主张都有它深刻的社会政治内容，简单地归结为形式逻辑的诡辩或谬误是不能解决问题的。墨家用道德和政治概念将"盗"和"人"区分开来，它并非从生理上否认"盗"是"人"，而是从道德上认为"盗"不配做人，而且从法律意义上"杀盗"与"杀人"亦有原则不同，因而得出"杀盗非杀人"。宋钘学派用"见侮不辱"去消除人们的争斗，乃是解决政治集团之间斗争的一种手段，是用偃兵息斗达到抵消战争争夺，并非从根本上否认"侮辱"的意义。荀子反对墨家的"兼爱"和宋钘的"寡欲"，认为这些主张不利于维护封建的等级差别和地主阶级的功利，他们之间的分歧反映了学派之间的对立。学派之间的争论必须要有深刻的理论才能战胜对方,仅仅使用形式逻辑是不可能将对方驳倒的。荀子用批判"三惑"进一步阐明了名实必须相副的唯物主义反映论原则,但当他不是从理论上而只是用形式逻辑从逻辑谬误上反驳对方时,便显得软弱无力了。例如他对"见侮不辱"的驳斥:

> 凡人之斗也,必以其恶之为说,非以其辱之为故也。今俳优、侏儒、狎徒詈侮而不斗者,是岂钜知见侮之为不辱哉!然而不斗者,不恶故也。今人或入其央渎,窃其猪彘,则援剑戟而逐之,不避死伤,是岂以丧猪为辱也哉?然而不惮斗者,恶之故也。虽以见侮为辱也,不恶则不斗;虽知见侮为不辱,恶之则必斗。然则斗与不斗邪,亡于辱之与不辱也,乃在于恶之与不恶也。夫今子宋子不能解人之恶侮,而务说人以勿辱也,岂不过甚矣哉?(《正论》)

荀子用"恶"与"辱"两个名词的区别说明斗争的原因是"恶"而不是"辱",从而否定"见侮不辱"的说法。例如俳优、侏儒、狎徒等卑贱之人遭受侮辱詈骂而不反抗,并非因为他们明白"见侮不辱"的道理,而是因为他们并不因受到侮辱而产生憎恶。又例如有人因为猪被偷窃而起来争斗,也不是由于受到侮辱,而是因为疾恶。这些都说明,争斗与否,完全是由憎恶引起来的,与侮辱没有关系。荀子以"恶"和"辱"的名词区别反驳"见侮不辱",恰好使他自己也犯了"惑于用名以乱名"的逻辑错误。因为"辱"之中就包含了"恶"的意义,"见侮为辱"就必然产生憎恶。荀子也认为人之情都是"恶侮"的,但他又把"恶"与"辱"分割开,说什么"见侮为辱,不恶不斗",这样在逻辑上他和宋钘的"见侮不辱"便导致了同样的结果。荀子的自相矛盾,说明形式逻辑作为辩论的武器有很大的局限性。古代唯物主义者由于受到时代和阶级的局限,在认识论上不能自觉地贯彻唯物辩证法,他们在辩论中往往表现出形式逻辑的局限性。

荀子的逻辑思维着重于概念论的研究,用唯物主义反映论的原则阐明名实问题,试图用朴素唯物主义观点统一名家各派的思想,在逻辑思维体系上没有展开,但他对于判断和推理等思维形式也都有所注意,并且特别强调类推的作用。

关于概念、判断和推理的区分和作用,荀子提出"期、命、辨、说",他说:"实不喻然后命,命不喻然后期,期不喻然后说，说不喻然后辨。"(《正名》)名词概念是说明客观事物（实）的，名是通过对客观事物的感触、形容、期会得来的，也是运用理性认识对客观事物进行分析综合，解说、辨明的结果，也即是运用概念、判断和推理由感性认识上升到理性认识的过程。他又说："名也者，所以期累实也。辞也者，兼异实之名以论一意也。辨说也者，不异实名以喻动静之道也。期命也者，辨说之用也。"(《正名》)概念（名）是从客观事物的各方面的联系中概括出它的本质联系，此即"所以期累实也"的意思；判断则是运用众多名词概念来表达一个意思，此即是"兼异实之名以论一意"；推理则是运用判断对某个或某类事物做出正确的分析和结论，此即"不异实名以喻动静之道"。这说明，荀子提出的"期、命、辨、说"包含了概念、判断、推理等逻辑思维形式及其作用。"期命"就是指的判断和概念。人们在"辨说"的时候就是运用判断和概念进行推理。概念、判断和推理是有机地联系在一起的。

荀子在辩论中着重于演绎推理的运用，同时对于归纳推理也有所兼顾。他强调："辨异而不过，推类而不悖，听则合文，辨则尽故。"(《正名》)就是认为判断推理要正确，必须合乎逻辑思维规律。

关于归纳推理的运用，荀子说："是非疑，则度之以远事，验之以近物。"（《大略》）这即是用考核过去的经验，从个别到一般，从总结具体的经验得到合乎规律性的认识，他说："观往事，以自戒，治乱是非亦可识。"（《成相》）他主张的"法后王而一制度"即是总结了历史治乱的丰富经验。他对事物做出的符合科学的论断，大都是借助于归纳法的，例如他说的："桓公之葱，太公之阙，文王之录，庄君之智，阖闾之干将、莫邪、巨阙、辟闾，此皆古之良剑也，然而不加砥厉则不能利，不得人力，则不能断。"（《性恶》）这即是由归纳推理进入演绎推理的论证，他的关于人性是后天养成的唯物主义思想，正是由于他对人的自然生理属性和社会属性深入观察和研究的结果。他在自然观和认识论上一些符合科学的论证，都离不开对客观事物做缜密的科学观察和研究。例如"天行有常，不为尧存，不为桀亡""凡同类同情者，其天官之意物也同"等著名论断，都是借助科学的归纳法得来的。

荀子极端重视概念的类，他把掌握"类"（一般）作为认识个别事物的工具，因此，他特别着重于演绎推理的运用，他说："以类行杂，以一行万。"（《王制》）即从"类"的原则出发对各种特殊事物进行推理判断："倚（奇）物怪变,所未尝闻也,所未尝见也,卒然起一方,则举统类而应之。"(《儒效》)"类"又叫"统类",具有普遍规律的意义。演绎推理要求从正确的前提推出必然的结论,因此,科学的分类对于演绎推理具有极为重要的意义。因为抓住了类,就抓住了事物的最本质的属性,抓住了事物所遵循的共同规律。人的认识不可能毫无遗漏地把握世界上一切事物,也不可能毫无遗漏地把握同类事物中的一切对象的知识。荀子从干将、莫邪等宝剑得出不加砥砺(锻磨)则不锋利,他不可能也不必要将所有的剑都试一番。这即是"以类行杂,以一行万"的意义。科学分类有它相对的稳定性,荀子说:"类不悖,虽久同理。"(《非相》)事物只要属于同类,时间虽隔久远,它们仍然具有相同的属性和规律。掌握"类",对于发扬人定胜天是很重要的,他说:"多言而类圣人也。"(《大略》)又说:"其言有类,其行有理,其举事无悔,其持险应变曲当,与时迁徙,与世偃仰,千举万变,其道一也。"(《儒效》)荀子所说的"圣人"是封建地主阶级的政治家,他们掌握了客观事物的规律,掌握了科学分类,因而能够措置自如,能够顺利地应付客观环境及其发展变化。荀子这些看法,未免夸大了封建社会"圣人"的知"类"的本领。

荀子站在新兴地主阶级立场,唯物主义地解决名实问题，批判逻辑思维的各种谬误，重视科学分类，对于建立唯物主义哲学体系和进步的社会历史观提供了正确的方法。但是荀子对逻辑学的论述不如后期墨家系统、精辟。由于过分地强调"正名"的政治意义，则使他对逻辑思维领域的深入探讨受到局限。他把封建社会的政治原则，即"道"作为支配一切的最高的"类"，把"道"说成"古今之正权"（《正名》），这就把逻辑学变成了为地主阶级"永恒"统治做辩护的工具。

五 性恶论

荀子和孟子同属先秦儒家，但在人性论的主张上则有性恶性善之别，而且荀子激烈抨击孟子的学说。荀、孟的分歧，表明儒家不同学派之间的对立。荀子代表了由耕战上升为地主的阶层，其中许多是由小生产者获得军功上升为地主阶级的；孟子则反映由旧贵族转化而来的地主阶层的要求。荀子主张性恶反对性善，是由他急进的政治立场和唯物主义世界观所决定的。

战国时期对人性问题展开广泛的讨论，说明阶级斗争不断深化，使思想家开始探索人的本质。这是人类从宇宙的形成、起源等问题的探索,进而研究人类自己的特点的尝试。善恶是道德范畴,是有阶级性的。荀子和孟子讲人性都以地主阶级的礼义道德为标准,都在宣传一种超阶级的、抽象的人性。所不同的是孟子讲性善,认为人的道德是先验地存在人性当中。而荀子讲性恶,否认有先验的道德,认为人的道德属性是后天环境陶冶养成的。因此,荀子的性恶论强调礼义法治的重要性。

荀子说:"人之性恶,其善者伪也。"(《性恶》)他在自然观方面强调了"天人之分",在人性论方面,他也强调了"天人之分"。他说:

> 性者,本始材朴也;伪者,文理隆盛也。无性则伪之无所加;无伪则性不能自美。(《礼论》)

"本始材朴"指人的生理素质,是天然的。"文理隆盛"指礼义道德,是人为(伪)的。荀子认为,天然的东西是人为加工的基础,没有这一客观的基础作为对象,既无从加工,所以说"无性则伪之无所加"。但天然的东西必须经过人为加工,才能美好完善,所以又说"无伪则性不能自美"。

荀子批评孟子性善论就是不懂性伪之分,是混淆了天然

的人性和后起的礼义的分别,他说:

> 孟子曰:"人之学者,其性善。"曰:"是不然,是不及知人之性,而不察乎人之性伪之分者也。凡性者,天之就也,不可学,不可事。礼义者,圣人之所生也,人之所学而能,所事而成者也。"(《性恶》)

荀子认为,人性是天然的,例如人的目能视,耳能听,饥要食,渴要饮等,是与生俱来的,是不学即会的。而礼义道德等社会规范,则不是与生俱来的,而是经过环境的教育、学习养成的。他又说:

> 不可学,不可事,而在人者谓之性。可学而能,可事而成,之在人者,谓之伪。是性伪之分也。(《性恶》)

不经过学习和人为加工,本来就为人所有的素质,就叫作性。经过学习和人为加工,为人所有的,就叫作伪。这即是性伪之分。

荀子所谓"恶",是指"饥而欲饱,寒而欲暖,劳而欲休"和"目好色,耳好声,口好味,心好利,骨体肤理好愉佚"(《性恶》)。大部分指人的生理和生活需求。他把这些看成是人的自然本性,是"无待而然",不依靠外部的原因,是生来就有的。荀子把人的生理欲求说成恶,当然也是不正确的。他认为,不能放任人的本性自由发展,如果放任自流,不加改造,就要和礼义相违背。他说:

> 今人之性,生而有好利焉,顺是,故争夺生而辞让亡焉;生而有疾恶焉,顺是,故残贼生而忠信亡焉;生而有耳目之欲,有好声色焉,顺是,故淫乱生而礼义文理亡焉。(《性恶》)

这是说,人的本性和辞让、忠信、礼义文理等道德原则是相矛盾的,如果顺从人性的自然发展,就要发生争夺,破坏礼义道德,造成混乱。他说:"然则从人之性,顺人之情,必出于争夺,合于犯分乱理而归于暴。"(《性恶》)因此,加强后天环境的教育,用礼义之道改造人性,就有着决定的意义,他说:"故必将有师法之化,礼义之道,然后出于辞让,合于文理,而归于治。"(《性恶》)这就是荀子主张人性恶,强调社

会环境对改造人性具有决定作用的政治意义。他提出人性恶正是为地主阶级的"礼义""法治"提供理论根据,他又说:

> 古者圣人以人之性恶,以为偏险而不正,悖乱而不治,故为之立君上之势以临之,明礼义以化之,起法正以治之,重刑罚以禁之,使天下皆出于治,合于善也。(《性恶》)

荀子把礼义法治的起源归为人性恶,否定有天赋道德观念,使他更为注重现实,他强调礼义道德的教化,也不忽视人的正当的功利。当时在战国争雄中,为了达到富国强兵,各诸侯国都注重耕战,追求功利,正是一派"上下交征利"的景象。孟子主张人性善,也强调礼义对人的教化,同时却忽视或反对讲求功利,这就显得迂阔,因而他的反对耕战的仁政学说不为当时封建统治者所接受。荀子说:"今孟子曰:'人之性善。'无辨合符验,坐而言之,起而不可设,张而不可施行,岂不过甚矣哉!故性善则去圣王,息礼义矣;性恶则与圣王,贵礼义矣。"(《性恶》)说明性善论在当时社会上发的影响还不大。荀子批评性善论是"去圣王,息礼义",当然是对孟子学说的曲解。但他由封建礼义、政治的高度批判孟子的性善说，恰好说明他的性恶论和性善论在维护封建的礼义、法治方面是完全一致的。孟子主张人性善，同时又认为后天环境的好坏对人的善的本性的保存或丧失，具有重要的影响和作用。因此，他也强调圣人用礼义教化人民具有决定性的意义，所谓"先知觉后知""先觉觉后觉"就是这个意思。正是由于荀子和孟子一样强调要以礼义教化人民，后来许多学者认为性恶论和性善论殊途同归，出发点虽有区别，而其目的都是为了引导人民习礼好义，都是有功于封建礼教的。近代梁启超即曾评论说："荀子与孟子，同为儒家大师，其政治论之归宿点全同，而出发点则小异。孟子信性善，故注重精神上之扩充；荀子信性恶，故注重物质上之调剂。"(《先秦政治思想史》)这一评价是较为符合实际的。荀子的唯物主义立场反映在人生观上使他注重人的物质利益，这就使他的激进的政治立场和法家有所接近。

荀子强调后天环境对人性的陶冶、改造作用，否认有先验的道德，也否定有生而知之的圣人。他说："凡人之性者，尧、舜之与桀、跖，其性一也；君子之与小人，其性一也。"(《性恶》)这里认为尧舜和桀跖、君子和小人，本性都是恶的，必须经过后天环境的教育改造才能有圣、愚之分。他说："可以为尧禹，可以为桀跖，可以为工匠，可以为农贾，在势注错习俗之所积耳。"(《荣辱》)"注错习俗"即是指环境的训练和积累。他还说："枸木必将待檃栝烝矫然后直，钝金必将待砻厉然后利。"(《性恶》)弯曲的木必须经过矫正才会变直，未开刃的刀剑必须经过锻磨才会锋利。像古代的繁弱、巨黍那样的良弓，不经过辅正弓弩的工具加工，也不会合乎规格。像干将、莫邪、巨阙、辟间等宝剑，不经过砥厉（锻磨）也不会锋利。没有人去使用，它自己也不能断物。像骅骝、骐骥、纤离、绿耳等骏马，如果不用衔辔加以控制，鞭策加以督促，没有好的御手，也不能日行千里。（据《性恶》意译）这些都是要证明，社会道德属性不是人的天性，而是受到环境训练养成的。

荀况还指出："礼义者，是生于圣人之伪，非故生于人之性。"(《性恶》)礼义是圣人制作的，但也不是圣人天性中本来就具备的。就像陶匠制陶器，木匠制木器一样，陶器木器是陶匠木匠做的，但不能认为陶器和木器就是陶匠和木匠的天性所具备的。他说："故陶人埏埴而为器，然则器生于工人之伪，非故生于人之性也。故工人斲木而成器，然则器生于工人之伪，非故生于人之性也。"(《性恶》)

荀况提出："涂（途）之人可以为禹。"(《性恶》)一个普通百姓也可以成为禹那样的圣人。他说：

> 凡禹之所以为禹者，以其为仁义法正也。然则仁义法正有可知可能之理，然而涂之人也，皆有可以知仁义法正之质，皆有可以能仁义法正之具，然则其可以为禹明矣。(《性恶》)

这是说，圣人具备的"仁义法正"是可以被认识和掌握的，而普通人也具有认识和掌握这些"仁义法正"的能力，因此有可能做到"圣人"。这说明，通过学习努力可以做到"圣人"，圣人和普通人之间没有不可逾越的鸿沟。荀况说的"涂之人可以为禹"与孟子说的"人皆可以为尧舜"，解说虽有不同，而其结论则是一致的，都是认为人们能够接受封建礼义道德的灌输。

荀况虽然强调后天的礼义、法治对人性起教育、约束和改造的作用，但他没有能力科学地说明礼义，法治的起源问题。他把礼义、法治说成由"圣人"制作的，只有"圣人"才能"化性起伪"。这种观点和他的性恶论是矛盾的。因为，照荀况的说法，圣人的性也是恶的，那么，圣人的化性起伪又是怎样产生的？他无法做出说明。这种情况，和 18 世纪法国唯物主义者所提出的"人类社会的改善依靠教育"的命题同样陷于理论的困境。马克思曾经指出："有一种唯物主义学说，认为人是环境和教育的产物，因而认为改变了的人是另一种环境和改变了的教育的产物——这种学说忘记了：环境正是由人来改变的，而教育者本人一定是受教育的。因此，这种学说必然把社会分成两部分，其中一部分高出于社会之上。"（《关于费尔巴哈的提纲》，《马克思恩格斯选集》第 1 卷）像法国唯物论者爱尔维修提出："人是环境的产物。"环境主要指法律和执行法律的政治制度，但是法律的好坏又取决于人的理性，这样他便由环境决定人的观念转入人的观念决定环境。他认为好的法律要靠英明的立法者。即"天才"来制定，必须由伟大的"天才"启发教育群众，他主张"教育万能"。因而他倒向"意见支配世界"和"英雄创造历史"的唯心史观。

荀况也具有同样错误，他强调环境对人性的改造作用，但他所谓环境主要指封建地主阶级的礼义、法治。礼义、法治作为上层建筑，是由经济基础决定的，而不是由哪一个人或少数人随意制定的。但是荀况把礼义、法治说成是少数圣人、君子的发明，这样便不是环境改造人性，而是圣人、君子的主观意志决定环境和改造人性了。因此，在人性论问题上，他仍然不可避免地陷入唯心主义。

六　音乐思想和诗赋

荀子不仅是一位唯物主义哲学家，而且还是一位文学家，他对音乐理论和诗赋都有深刻研究。他写了专门的音乐理论著作《乐论》；他还用当时通俗的文学形式创作了《成相》和《赋》，来表达自己的政治主张。他的音乐理论和诗赋对汉代有直接影响，对后来中国封建社会的文艺发展也有不可忽视的影响。

荀况的《乐论》是我国先秦时期一篇系统论述音乐理论的重要著作。荀况站在唯物主义立场，力图以朴素唯物主义观点说明音乐对新兴封建制度的重要作用和意义，从而为儒家的礼乐观提供理论的根据，他说：

> 夫乐者，乐也，人情之所必不免也，故人不能无乐。乐则必发于声音，形于动静，而人之道，声音动静，性术之变尽是矣。（《乐论》）

把音乐说成是人情所必不免，而且必然表现为声音、动静，这是朴素唯物主义思想。荀况强调音乐的社会作用，指出音乐是封建社会人情世故和道理原则的艺术体现。因为音乐是人的社会需要，禁止音乐是不成的，正确的办法是积极地用健康的音乐去引导、陶冶人的性情，使人的行为符合于封建的礼义。这就是他提倡音乐的政治目的。他又说：

> 故人不能不乐，乐则不能无形，形而不为道，则不能无乱。先王恶其乱也，故制《雅》《颂》之声以道之，使其声足以乐而不流，使其文足以辨而不諰，使其曲直、繁省、廉肉、节奏，足以感动人之善心，使夫邪污之气无由得接焉。(《乐论》)

这里说的乐而不流、辨而不諰是指声乐健康明快而不流于邪淫；曲直、繁省、廉肉、节奏是指旋律的高低、刚柔、清浊、节奏均恰如其分。这段话是说音乐的起源是由于节制人们的声色欲望，使之正常发展而不至于乱。这说明荀况对音乐的起源和礼义的起源的解释是一致的。荀况把礼乐都说成由于人们具有天然的物质欲望，这种欲望如果任其自由发展，社会就会发生争夺混乱，因此统治者（先王）制礼作乐，用礼乐来节制人的欲望，维持封建社会的秩序。他又说：

> 故乐在宗庙之中，君臣上下同听之，则莫不和敬；国门之内，父子兄弟同听之，则莫不和亲；乡里族长之中，长少同听之，则莫不和顺。(《乐论》)

音乐起维护政权、族权等封建宗法等级制度的作用，这样的音乐理论打上了浓厚的封建主义烙印，把音乐这一艺术形式和封建主义的伦理规范紧密结合起来，成为儒家文道合一的传统的艺术观。因此荀况又说音乐"足以率一道，足以治万变"(《乐论》)，和礼义具有相同的作用和意义。这种音乐理论对后来封建社会发生了重要影响。西汉初年成书的封建经典《乐记》，其中一些重要思想即出自荀况的《乐论》。

荀况认为用音乐武装人的精神，出征可以提高士气，对内可以和谐一致，他说：

> 故乐者，出所以征诛也，入所以揖让也。征诛揖让，其义一也。出所以征诛，则莫不听从；入所以揖让，则莫不从服。故乐者，天下之大齐也，中和之纪也，人情之所必不免也。(《乐论》)

所谓"征诛揖让,其义一也",是说对内的和谐一致是对外取得胜利的保证,而这种符合礼义的节奏乃是音乐陶冶的结果,这里说明了音乐和礼义征伐的辩证关系。战国末年七雄竞争,地主阶级各集团间正在进行一场军事上和政治上的大决赛。荀况强调音乐对礼义征伐的辩证关系,就可以推动新兴的封建统治者注重改革政治增强实力,以便在兼并战争中取得统一中国的胜利。他又说:"且乐者,先王之所以饰喜也;军旅铁钺者,先王之所以饰怒也。先王喜怒皆得其齐焉。是故喜而天下和之,怒而暴乱畏之。"(《乐论》)

荀况还认为,统治者必须通过音乐去感化人民,才能够使人民服从统治者的统一步调,才能将统治者喜怒得齐的意志化为人民的统一行动,才能使国家强盛,所向无敌。他说:

夫乐之入人也深,其化人也速。故先王谨为之文。乐中平则民和而不流,乐肃庄则民齐而不乱,民和齐则兵劲城固,敌国不敢婴也。(《乐论》)

这里指的"中平""肃庄"是说音乐必须体现封建的礼义、法治,通过音乐的形式将这种礼义、法治精神渗透到人民当中去，就会使人民对统治者和顺服从，就能达到富国强兵。

荀况认为，礼乐都是"圣人"用来调节上下关系，相辅而行的工具。他说："且乐也者，和之不可变者也；礼也者，理之不可易者也。乐合同，礼别异。"(《乐论》)乐着重于融合人的性情，所谓"乐合同"，礼着重于严肃宗法等级，所谓"礼别异"，礼乐都体现封建统治者的意志，而乐的潜移默化的作用较之礼还要显著。因此，乐是礼的重要补充。荀况提出礼乐相互为用的辩证关系，是他对封建社会的国家学说与文化艺术的作用深刻认识的地方。

荀况正是站在地主阶级强调礼乐交互为用的立场对墨翟的"非乐"展开批评的。在《乐论》中，他在阐明每一个道理之后几乎都要质问："而墨子非之，奈何！"他甚至尖锐地批评说："墨子之于道也，犹瞽之于白黑也，犹聋之于清浊也，犹欲之楚而北求之也。"(《乐论》)墨子由于疾恨剥削者的奢侈而否定音乐，表现了小生产者狭隘的功利主义，他认为乐器不如舟车对于人们有实用的利益，因而主张"非乐"。其实在人的生活中，舟车和音乐都是不可缺少的，问题是在于谁占有它，谁享受它。荀况站在地主阶级占有享受音乐的立场，强调音乐艺术为地主阶级的礼义服务，当然对于墨子的"非乐"看作是不辨白黑,不分清浊、不别南北、不符合情理了。

战国末期封建社会的生产力有很大发展,社会经济的繁荣引起文化艺术(包括音乐)的发达,正像荀况所形容的:"声乐之象:鼓大丽,钟统实,磬廉制,竽、笙、箫和,筦、籥发猛,埙(xuān音喧)、篪(chí音池)翁博、瑟易良,琴妇好,歌清尽,舞意天道兼。"(《乐论》)这说明,当时已有鼓、钟、磬、竽、笙、箫、筦、籥、埙(陶制吹乐器)、篪(笛子)等乐器大合奏,诸般乐器抑扬顿挫,刚柔宛转,旋律美妙,体现出大自然的规律。荀况这样高度评价音乐,对于通过艺术手段强化封建政治有重要意义。

荀况的音乐观也具有儒家传统的局限,如他提倡《雅》《颂》《韶》《武》反对"郑、卫之音",继承孔子"放郑声"的主张。所谓郑、卫之音包容了歌唱男女爱情的民歌成分,历来受到儒家的批判。晋代嵇康不赞同儒家这种主张,曾褒"郑声"为"妙音",鲁迅赞同他的看法。(见《汉文学史纲要》)荀况推崇已失传的《韶》《武》,强调贵礼乐而贱邪音,甚至说"声,则凡非雅声者举废"(《王制》),这种文道合一的思想有碍音乐艺术的发展。后人对儒家的这个传统观念曾评论说:"墨子非乐,异乎先王,然后儒亦未闻以乐化天下;

是儒即不非乐，而乐同归于废矣。"（魏源《默觚·学篇一》）

《成相》篇是荀况吸取民歌的形式创作的一种辞赋。"相"是一种鼓乐，鼓面在竹筒的一端，敲打时像是有节奏的舂米送杵声，说明由"相"伴奏的歌乐起源于劳动人民舂米时伴随送杵的节奏唱的民歌。

《赋》篇是荀况吸取民间谜语形式写成的诗歌，这也是他在艺术上的一种创造。

在《成相》篇中，荀子将封建社会的礼义、法治、尚贤等政治主张，结合总结历史治乱的经验，用简洁明白的歌辞表达出来，具有很大的艺术感染力量。

《成相》篇从建立封建中央集权国家的立场，说明尚贤使能，推行礼义、法治的重要性，并且从总结历史上正反两面的经验教训，试图探索社会政治变迁的规律，它在荀况著作中占有重要的地位。《成相》篇共五十六章，其中歌辞大都采用三字至六字一韵，接着七字一韵，然后四字一句再七字一韵，每章二十四字。例如：

请成相，世之殃，愚闇（暗）愚闇堕贤良。人主无贤，如瞽无相何伥伥！

《成相》篇是用歌辞来阐明政治道理的,即把政论概括为诗歌,其中则贯穿许多形象的譬喻。像上面举例,将君主不尚贤比作盲人没有引路的人(相),必将在政治上迷失方向给国家造成大害。这就形象地、生动地说明"尚贤"对于推行正确政治主张的重要意义。

荀况还用古代传说和历史故事进行形象譬喻,如他为了阐明"尚贤"的重要性,就引用了许多历史故事来加以反复说明。例如:

世之祸,恶贤士,子胥见杀百里徙。穆公任之,强配五伯六卿施。

吴王夫差受人离间无辜杀死大将伍员(子胥),引起内部叛离,使敌国有可乘之机,结果导致国破家亡,成为历史悲剧。百里奚原为虞国大夫,虞国被晋国灭亡,百里奚被虏作奴隶,后来又沦落楚国,被秦穆公用五张公羊(羖)皮赎去当上秦国的大夫,他辅佐秦穆公称霸诸侯,做出重大功绩,这个故事成为历史上的"尚贤"美谈。

荀况把历史散文概括为历史歌赋,这在当时更别具一格。他认为通过这种艺术形式总结古今的政治经验,可以起到很好的借鉴效果:"观往事,以自戒,治乱是非亦可识。"这可以说是他"托于成相以喻意"的目的。他指出用歌唱(成相)来形象地譬喻,是为了寻找治国的好方法:

> 凡成相,辨法方,至治之极复后王。慎、墨、季、惠,百家之说诚不详。

荀况为了给新兴封建制度奠定统一的理论基础,"法后王而一制度",认为慎到、墨翟、季梁、惠施等诸子百家学说都不够完善。他对诸子百家展开批判,扬弃吸取诸子的长处,使他成为先秦集大成的唯物主义思想家。

荀况认为封建的礼义、法制是最完美的政治制度,他唱道:

> 治之经,礼与刑,君子以修百姓宁。明德慎罚,国家既治四海平。

当时礼义、法制作为封建社会的上层建筑已日趋完整,可使"国家既治四海平",说明建立统一的封建中央集权国家的条件已经成熟。

荀况认为，好的政治可以成为后世效法的楷模，并使其得到不断的发展、完善。他又唱：

> 臣谨修，君制度，公察善思论不乱，以治天下，后世法之成律贯。

做臣的谨慎执行法令，做君的主持法令的权宜变革，审慎地思考使政治完善而不乱，后世加以效法，积累起来便成为良好的政治传统。荀况通过成相这一通俗的艺术形式表达了他作为地主阶级思想家的政治远见，这也是他艺术上所达到的显著的成就。

《赋》篇包括五篇《赋》和一篇《佹（guǐ）诗》。五篇《赋》是《礼》《知》《云》《蚕》《箴》，都是以谜语形式来表达的。

《赋》是诗歌和散文的混合体。《礼》《知》二赋是说明礼义、法治的重要和歌颂"君子"在制定礼义、法治方面的重要作用。《云》《蚕》《箴》三赋是借咏物来抒发作者的抱负和感情的。荀况借咏物精巧地运用了形象譬喻的艺术手法。我国近代思想家兼诗人魏源曾将荀况的《赋》和屈原的《离骚》并论，他说：

> 词不可以径也,则有曲而达焉;情不可以激也,则有譬而喻焉。《离骚》之文,依诗取兴,善鸟、香草以配忠贞,恶禽、臭物以比谗佞,灵修、美人以媲君王,宓妃、佚女以譬贤臣,虬龙、鸾凤以托君子,飘风、雷电以为小人,以珍宝为仁义,以水深雪雰为谗构。荀卿赋蚕非赋蚕也,赋云非赋云也。诵诗论世,知人阐幽,以意逆志,始知三百篇(指诗经)皆仁圣贤人发愤之所作焉,岂第藻绘虚车已哉!(《诗比兴笺序》)

魏源是以经世致用的观点评论文学的,他赞赏屈原的《离骚》和荀况的《赋》,是因为《离骚》和《赋》均以形象譬喻的艺术手法强烈地抒发了作者对现实政治的见解和感情,是有所为而发,而绝非空洞的华丽的辞藻所可比拟。

荀况的《云》赋,正是在于抒发自己广大的抱负。他歌颂云:"大参天地,德厚尧禹。精微乎毫毛,而大盈乎大寓(宇)。"这是在表白他自己像云那样有充塞天地自然的涵量。他又说:"天下失之则灭,得之则存。"这是借云来描绘"尚贤"的重要。而云行雨施"功被天下而不私置",是说他要像云那样发挥功用为地主阶级统一中国施展自己的抱负。

特别值得重视的是荀况的《蚕》赋和《箴》赋,其中热情地歌颂了当时科学和生产力的发展,透露出社会政治和物质生产发展的密切联系。战国后期丝织业已成社会经济的重要部门,丝绸成为地主阶级必需的生活用品,因此引起荀况的重视,启发他喻意于蚕而写了《蚕》赋。他形容说:"有物于此,儸(luǒ)兮其状,屡化如神,功被天下,为万世文。礼乐以成,贵贱以分。"蚕这种没有习习毛的小动物,它的功劳却是"功被天下,为万世文",不可估量。由丝织业的发展促使荀况对养蚕业的喜爱,表明地主阶级思想家在其向上时期对社会经济的关心。荀况对蚕的形象做了生动、艺术的描绘:"此夫身女好而头马首者与?屡化而不寿者与?善壮而拙老者与?有父母而无牝牡者与?冬伏而夏游,食桑而吐丝,前乱而后治,夏生而恶暑,喜湿而恶雨。蛹以为母,蛾以为父。三俯三起,事乃大已。"这里非常生动地描绘了蚕的形状、生活习性和成长过程,这种形象生动而又通俗的艺术形式无疑是会为劳动人民喜闻乐见的。

在《箴》赋中,荀况热情歌颂了铁制的针。由于冶铁的发达引起生产工具和生活用具的革新,荀况形容说:"有物于此,生于山阜,处于堂室。"山阜指铁矿,经过冶炼制成小小的铁针,为人缝织,他形容说,"无知无巧,善治衣裳",

"日夜合离,以成文章。以能合从(纵),又善连衡。下覆百姓,上饰帝王"。荀况这里用"合纵""连衡"形容针,具有语义双关的意思,说明针在人的生活中具有重要的功用,同时也是借针来形象地譬喻自己的抱负,从帝王到百姓都要穿衣生活,他们都离不开针,而要治理国家也离不开"尚贤"。荀况还对裁缝手中的针做了活灵活现的描绘:"无羽无翼,反复甚极。尾生而事起,尾邅(zhàn 音占)而事已。"穿针引线,盘旋往复,"既以缝表,又以连里"。人们的服饰就是靠小小的针做成的。从巨大的铁块变成巧小的针正是生产力发达的象征。荀况歌颂小小的针也是他重视经济生活的表现。

荀况以通俗的艺术形式歌颂与人民生活有密切关系的蚕和针,将小小的蚕和针同封建的国家政治联系起来,更能启发人们思考,是他的"礼起于欲"和人类"善假于物"的思想的艺术再现。

《赋》篇后面还有一首《佹诗》,是荀况怀才不遇无法施展自己抱负的发愤之作。当时社会处在大变动时期,"天地易位,四时易乡(向)",正是英雄豪杰显身手的时候。可是由于在位者幽暗,听信谗言,不辨美丑,将"螭(chī 音痴)龙为蝘蜓(壁虎),鸱枭为凤凰,"竟使英雄无用武之地。因此，荀况愤慨地说："比干见刳，孔子拘匡。昭昭乎其知之明也，郁郁乎其遇之不祥也，拂乎其欲礼义之大行也，暗乎天下之晦盲也。"荀况所指可能是当时楚国的政治状况。鲁迅对荀况的《佹诗》曾评论说："……又有《佹诗》，实亦赋，言天下不治之意，即以遗春申君者，则词甚切激，殆不下于屈原，岂身临楚邦，居移其气，终生亦生牢愁之思乎！"（《汉文学史纲要》）这一评论是中肯的，《佹诗》的艺术价值虽比不上《离骚》，而其激切愤悱的言辞，淋漓尽致的感情，却同样能够给人以激励。

荀况论诗和论乐是一致的，乐贵"中和"而诗止"中声"，《劝学》篇说："诗者，中声之所止也。""中声"和"中和"都是指符合礼义的节奏。诗乐起"化性起伪"的作用，能使人的精神（性、情）和礼义融为一体进入较高的道德境界，这就是荀况的文学观。从这里可使我们窥到儒家文以载道的思想渊源。荀况说：

> 圣人也者，道之管也。天下之道管是矣……故《风》之所以为不逐者，取是以节之也；《小雅》之所以为《小雅》者，取是而文之也；《大雅》之所以为《大雅》者，取是而光之也；《颂》

之所以为至者，取是而通之也。(《儒效》)

赋诗在于明道，这也是儒家的传统思想，荀况正是在这个宗旨下创作了《成相》和《赋》，用诗赋的形式将他的政治主张做了纲领性的概括，在艺术形式上有所发明创造。然而也正由于儒家文道合一的局限，使他的创作现实主义有余而浪漫主义不足，一些内容成为谐韵的政论说教，以致减弱了它的艺术特色。

七　荀子在中国哲学史上的地位

荀子是我国先秦时期地主阶级集大成的思想家。他通过对先秦各家各派的政治、哲学学术思想进行批判和总结，完成了他的唯物主义的哲学体系和进步的政治历史学说。

荀子在封建中央集权即将建立的前夕，为了统一学术思想，对先秦十二子进行了批判。十二子是：它嚣、魏牟、陈仲、史䲡、墨翟、宋𫓧、慎到、田骈、惠施、邓析、子思、孟轲。这十二子在战国时期影响很大，荀况说："假今之世，饰邪说，文奸言，以枭乱天下，矞宇嵬琐，使天下浑然不知是非治乱之所存者有人矣。"(《非十二子》)他把十二子归为六个学派,进行全面的总结批判,说明当时封建生产关系的巩固,地主阶级也需要结束百家争鸣的局面了。荀况是以"隆礼"为标准去鉴别批判诸子学说的。例如他批判它嚣、魏牟的纵欲主义"不足以合文通治",即不符合封建的礼义和政治原则。它嚣,据梁启超考,除《荀子》书外,其他无出;魏牟,即魏公子牟,《汉书·艺文志》有《公子牟》四篇,在道家。《庄子·秋水》提到他,约与庄子同时。荀况批判陈仲、史䲡的疾世离俗的主张"不足以合大众,明大分",即不利于维持封建社会的伦理规范,违背"群居合一之道。"陈仲即战国时齐国的陈仲子,《孟子》书中即已对其有所批评;史䲡即《论语》中的史鱼,卫灵公的大夫。陈仲、史䲡当时均以清高著名。荀况批判墨翟、宋钘的"兼爱""非攻"等主张"不足以容辨异,县君臣",即不利于严肃封建的君臣上下贵贱等级秩序。墨翟,春秋末期人;宋钘,战国中期人。他们的思想主张比较接近。荀况批判慎到、田骈的重势的思想"不可以经国定分",即不利于维护国家的法令制度。慎到,战国早期法家代表;田骈,战国中期道家代表,后转为法家。荀况批判惠施、邓析的名家思想"不可以为治纲纪",即不利于国家大政方针的贯彻。惠施,战国时期名家主要代表之一;邓析,春秋时郑国刑名学家。

以上对各家的批判说明，荀况是为地主阶级提供统一的政治思想而对诸子百家进行鉴别取舍的。

应当指出，荀况着重批判的是战国时期影响最大的儒家子思、孟轲学派。他批判说：

> 略法先王而不知其统，犹然而材剧志大，闻见杂博，案往旧造说，谓之五行，甚僻违而无类，幽隐而无说，闭约而无解。案饰其辞而祗敬之曰：此真先君子之言也。子思唱之，孟轲和之，世俗之沟犹瞀（mào 音冒）儒嚾（huān 音欢）嚾然不知其所非也，遂受而传之，以为仲尼、子游（子弓之误）为兹厚于后世，是则子思、孟轲之罪也。（《非十二子》）

这段文字有许多费解之处，但可看出其抨击甚为激烈。他不赞同孟子法先王的主张，认为其学术迂阔守旧，晦涩难懂，缺乏根据。子思、孟子本是儒家正统学派，荀况却说他们假冒孔子的学说而贻害后世。荀况还攻击了"子张氏之贱儒""子夏氏之贱儒""子游氏之贱儒"，对孔门高足大加丑化和诟骂。（见《非十二子》）荀况批判孟轲等儒家，说明当时儒家已分化成不同的学派。《韩非子·显学》说："孔、墨之后，儒分为八，墨离为三，取舍相反，不同，而皆自谓真孔、墨，孔、墨不可复生，将谁使定世之学乎？"荀况和孟轲属儒家不同学派，其政治和哲学学说的旨趣不同，因此引起争论。孟轲主张"为政不得罪于巨室"，有较多的改良主义色彩；而荀况的思想则较激进，他主张"法后王，一制度"并吸收法家"法不阿贵"的思想，以及主张王霸杂用等。在哲学上荀况坚持唯物主义，而孟子则属于唯心主义，在人性论上荀况提倡性恶，孟轲提倡性善。这些都促成荀、孟之间的对立，而使荀况对孟轲采取了批判的态度。

由于荀况批判地继承了儒家思想，为封建制度提出完整的礼治理论，以及他在传授儒家经典方面的贡献，在后来的封建社会中他是被宗为儒家的。荀况对儒家经典是融会贯通的，他曾说："学恶乎始？恶乎终？曰：其数则始乎诵经，终于读礼。"(《劝学》)荀况对《诗》《书》《礼》《乐》《春秋》都有批判的见解，他说：

> 故《书》者，政事之纪也；《诗》者，中声之所止也；《礼》者，法之大分，类之纲纪也，故学

> 至乎《礼》而止矣，夫是之谓道德之极。《礼》之敬文也，《乐》之中和也，《诗》《书》之博也，《春秋》之微也，在天地之间者毕矣。(《劝学》)

荀况将儒家经典看得十分重要，他根据地主阶级的利益，提出"杀诗书，隆礼义"，强调学以致用，反对死守经典，指责不知"杀诗书"者为"陋儒"。荀况对汉代经学的传播具有很大作用，后世有人评价："荀卿之学出于孔氏，而尤有功于诸经。"并说："汉诸儒未兴……六艺之传赖以不绝者，荀卿也。"（汪中《荀卿子通论》）汉初司马迁作《史记》将孟轲、荀卿合传，认为孟、荀都是孔子的重要继承者。此后一直到唐代对于荀况属于儒家重要代表是没有异议的。汉代刘向校订荀况著作曾说董仲舒"作书美荀卿"（董著已佚）。唐代大儒韩愈写了《读荀》，也给荀况以"大醇而小疵"的较高的评价。

荀况的唯物主义思想体系，对后来封建社会两千多年的唯物主义传统发生了深刻的影响。如荀况的学生，法家集大成者韩非，继承荀况"制天命而用之"的思想，提出"櫽括之道"，用人类制造工具说明对于自然和人事的态度，不应该听任其自发的和偶然的因素，而应该自觉地积极地活动。在认识论上,韩非继承荀况强调"辨合""符验"的思想,提出注重"参验"的认识方法,即用实际功效检验人的认识,为他的法、术、势相结合的法治学说提供认识论的根据。汉代唯物主义者桓谭,论形神关系以烛火之喻,证明精神不能脱离形体而存在。显然受到荀况"形具而神生"的启发。东汉唯物主义哲学家王充破除鬼神观念,其论证方法和荀况完全一致。王充批判孔子说的"生而知之",提出注重效验的唯物主义认识论,是对荀况,韩非唯物主义认识论的发展。唐代重要的唯物主义思想家柳宗元,在他写的《封建论》中,吸取荀况性恶论的见解,论证国家制度的产生,是由于"假物必争",即由于人们争夺物质财富引起的。他指出历史发展有其必然趋势("势"),不是少数"圣人"的意志能够决定的。与柳宗元同时的唯物主义哲学家刘禹锡,直接借用荀况《天论》的题目,他也写了《天论》,提出"天与人交相胜",在新的阶级斗争形势下发展了"制天命而用之"的思想,为他政治上主张革新进取提供理论根据。

宋明时期关于"天理""人欲"的争论中,进步的思想家反对唯心主义理学家宣扬的"去人欲,存天理"的僧侣禁欲主义,都注意吸取荀况"礼起于欲"的思想,反对先验的道德观念论。像明末唯物主义哲学家王夫之提出"天理即在人欲中",他认为"礼义""必寓于人欲以见"。"人欲"就是饮食男女。(见《读四书大全说》卷八)这种思想正是荀况主张的"礼"是"养人之欲,给人之求"在新的历史条件下的运用。清初唯物主义者戴震也提出:"理者存于欲者也。"(《孟子字义疏证》)认为人的物质生活欲望与生俱来,只能使其正确发展而不能加以戕害。他还尖锐抨击理学家强化纲常名教是"以理杀人"。

马克思和恩格斯指出:"统治阶级的思想在每一时代都是占统治地位的思想。这就是说,一个阶级是社会上占统治地位的物质力量,同时也是社会上占统治地位的精神力量。"(《德意志意识形态》,《马克思恩格斯选集》第1卷)儒家孔孟之道在中国长期封建社会中被奉为官方统治思想,在于它起到维护封建纲常名教的作用,被封建统治者利用作为镇压农民反抗的思想武器,同时也用它从思想上箝制各种不利于封建统治的"异端"。荀况作为新兴地主阶级的思想家,在地主阶级还处在进步和革命的时期,他的思想产生了重要作用,他的礼义伦理思想对于封建上层建筑的建立以及对封建基础的巩固也起了积极作用。但随着封建社会的巩固,封建统治者为了镇压和欺骗农民,它更加需要从以往的剥削阶级那里吸取反动保守的思想。荀况的唯物主义无神论思想和他的曾经起过进步作用的社会政治思想，便不再适合封建地主阶级的口味。尽管荀况的思想也是为封建剥削压迫服务的，但它容易被地主阶级内部的反对派利用来反对唯心主义和政治上的因循保守。因此，荀况的思想在汉以后的长期封建社会中不被重视，受到排斥。自刘向校订《荀子》一书之后，到唐代中叶以后才出现了杨倞的《荀子注》。

宋代以后，理学大兴，荀况遭受到更多的攻击，甚至要把他排除在儒家之外，他的学说是属于儒家还是属于法家都发生了争执。理学的代表人物二程（颢、颐）和朱熹都不遗余力地攻击荀况的唯物主义思想和性恶论。二程攻击荀况的学说"极偏驳"，他们害怕人定胜天和注重功利的思想有如"洪水猛兽"。朱熹攻击荀况尤其激烈，他把荀况和商鞅、韩非等著名法家都归为"异端"，反对读荀况和法家著作，甚至叫他的学生"不须理会荀卿"（《朱子语类》卷一三七）。朱熹为了宣扬"存天理，去人欲"的儒教主张，竭力贬低性恶论，认为荀况的学说"使人看着如吃糙米饭相似"（《朱子语类》）。理学家对荀况的诋毁，表明封建社会走下坡路时，地主阶级当中顽固保守势力更加容不得任何进步思想。这种状况一直延续到近现代，才发生根本性的变化。

我国近代资产阶级思想家在吸取西方资产阶级的机械唯物论时，注意吸收荀况的唯物主义思想，例如资产阶级启蒙思想家严复在《天演论》按语中，即肯定我国自荀况以来人定胜天的唯物主义传统。他以荀况"制天命而用之"的思想与达尔文的进化论相对照，反对传统的唯心主义理学，提出"尚力为天行""争天而胜天"（见《天演论·群治》按语），为他"鼓民力""自强保种"进行变法革新提供理论根据。

近代资产阶级革命家章炳麟认为"荀况学过孔子"（《訄书·订孔》），他还说荀况的"正名"相当于西方的逻辑学，可与苏格拉底、亚里士多德相比美。他还吸取荀况唯物主义认识论"缘天官"的思想，结合近代自然科学知识，论证感觉的源泉在客观世界。他还用荀况"大共名"的思想，证明理性认识高于感性认识。（见《訄书·公言》）

在近代资产阶级思想家中也有激烈攻击荀况的，如谭嗣同说："二千年来之学，荀学也，皆乡愿也。"（《仁学》）谭嗣同要冲决封建的网罗，猛烈抨击三纲，反对程朱理学。但他不敢公开反对孔、孟，把两千年来的孔孟之道算在荀况头上，说荀况篡改了孔子的学说，因而才有了后来的孔教。谭嗣同为了给自己的改良主义披上合法外衣，他以托古改制的形式，用资产阶级的面目改装孔子，说孔子"黜古学，改今制，废君统，倡民主"（《仁学》），只是到了荀况"尽亡其精意，而泥其粗迹，反授君主以莫大无限之权，使得挟持一孔教以制天下"（《仁学》）。谭嗣同把孔子和孔教分开，而将荀况说成孔教的创立者。谭嗣同反对孔孟之道，用荀况做替罪羊，是瞒不住封建顽固派的眼睛的。顽固派是一群孔孟的忠实卫道者，无论以什么形式攻击孔孟之道，都要被他们视为大逆不道。所以维新变法不过百日，谭嗣同就以"无父无君之禽兽"的罪名死在顽固派的屠刀下。

近代资产阶级学者，由思想史的学术角度研究荀子者，以胡适、梁启超和冯友兰等有代表性。

胡适认为《天论》《解蔽》《正名》《性恶》四篇，是荀卿的精华所在。他认为荀子的哲学思想是用老子一般人的"无意志的天"来改正儒家墨家的"赏善罚恶"有意志的天；同时却又能免去老子庄子天道观念的安命守旧种种恶果。荀子的哲学思想和培根的"戡天主义"相似，他推崇"人为"过于"自然"乃其哲学一大特色。他认为荀子性恶论是论性可善可恶，性恶论的自然结果，当主张用严刑重罚来裁制人的天性。（见《中国哲学史大纲》）

梁启超认为荀子与孟子同为儒家大师,关于他认为荀子性恶与孟子性善殊途同归的评论,我们在前面已有征引。梁启超还表示赞同荀子的社会起源论,并谓与唯物史观派之论调相近。梁还认为荀子生当战国末年,受法家影响,所谓礼与法家所谓法,其性质极相逼近。以上评价除所谓"唯物史观"表现梁氏无知外,其他说法则不无合理之处。(见《先秦政治思想史》)

冯友兰认为荀子言法后王与孟子言法先王是一回事。在哲学上,荀子与孔孟不同,孔子所言之天为主宰之天;孟子所言之天,有时为主宰之天,有时为运命之天,有时为义理之天;荀子所言之天,则为自然之天。荀子自然观受到老庄的影响,他所言之天,是自然之天,其中并无道德之原理。冯还认为荀子的"虚壹而静"采老庄之说而加以修正变化。荀子注重功利主义,他"正名",逻辑兴趣亦甚大。(见《中国哲学史》)

近代马克思主义学者对荀子的唯物主义均相当重视并予以中肯的评价,如**郭沫若**认为荀子的宇宙观是一种循环论。但他肯定荀子为唯物主义,认为荀子所说的神就是宇宙的运行变化,生生不息的一种生机,而所谓天也只是这个。郭沫若认为在不承认有神明的荀子,因而要否认天生的圣哲,而特别强调后天的学习和环境作用,这是他的学说极有光辉的地方。荀子性恶论在理论上有不可克服的矛盾,但他的学说表现了时代的精神。《荀子》一书非成于一时,文非作于一地,适应环境与时代,自然不免有所参差。荀子并不纯其为儒,而是吸取了百家的精华,确是无可否认的事实。这种杂家的面貌也正是秦以后的儒家的面貌,汉武以后学术思想虽统一于一尊,儒家成了百家的总汇,而荀子实开其先河。(见《十批判书·荀子的批判》)

范文澜认为,荀子在儒家中是和孟子有同等地位的大师。荀子对自然界的看法,与孔孟有极大的区别,与老子却有些接近。从孔子的畏天命到老庄的任自然,各学派中只有荀子能正确地说明人对自然界的关系,《天论篇》应是诸子书中最有积极意义的也是唯物论思想最显著的一篇重要著作。荀子法后王,是要实行战国末年已经成熟了的中央集权制度,孔孟政治学说经荀子修正不再是迂阔难行的儒学了。(见《中国通史》第 1 册)

吕振羽认为荀子说的"伪"含有人类征服自然的意义,反映了当时社会生产力的进步,尤其是手工业的发展,和人类对自然占有程度的提高为条件的。荀子说的君子与小人其性一也,和他提倡的"法后王"贤能政治,表现了人本主义的一点倾向。但荀子的经验论并没有上升到唯物主义。吕振羽还认为荀子的思想是儒家思想的一个大转换点，是社会意识的一个大转换点，是人类意识的认识自己力量的一大进步。荀子的思想表现了由早期封建制到专制主义的封建制的过渡。(见《中国政治思想史》)

侯外庐认为荀子是中国古代思想的综合者，唯物主义思想家。他扩大了礼的含义，接近于法。侯外庐认为由于社会变革的结果，商业资本已经突破困境，反映在政治上，于是产生荀子糅合礼法的政治思想。他还认为荀子的自然天道观是批判地接受了初期道家学派的思想。儒家的天道观，到了荀子手里就变了质，即由有意志的天变为自然的天、物质的天。认识论中，不但感性认识与理性认识因其天官与天君的区分，已有初步的区别，而且已经相当地暗示了理性认识的优越性，以及理性认识必须依靠感性认识。(见《中国思想通史》第1卷)